Ivan Kouchnir

Économie de l'Érythrée

Série "Economie dans les pays"

première publication: 2020
dernière mise à jour: 2021-01-21

Ivan Kouchnir. Économie de l'Érythrée. Série "Economie dans les pays". - 2020. - 53 pages.

Ce livre sur l'économie de l'Érythrée des années 1990 aux années 2010. Données source provenant de UN Data.

Taille. Dans les années 2010, le PIB de l'Érythrée s'élevait à 2,1 milliards de dollars par an; la valeur de l'agriculture était de 355,6 millions de dollars. Comme la part dans le monde était inférieure à 0,01%, le pays est classé en tant que micro-économie.

Productivité. Dans les années 2010, le produit intérieur brut par habitant était de 616,8 dollars; l'agriculture par habitant était de 106,7 dollars. Étant donné que la productivité est inférieure à la moyenne inférieure à la moyenne, l'économie est classée comme moins développée.

Croissance. Dans les années 2010, la croissance du produit intérieur brut était de 4,1%; la croissance de l'agriculture était de 6,2%.

Structure. Dans les années 2010, l'économie de l'Érythrée était composée des secteurs suivants: services (24,3%), agriculture (22,8%), commerce (22,4%), transport (12,2%), industrie (10,1%), construction (8,3%).

Exportation et importation. Dans les années 2010, les importations étaient supérieures de 0,25% aux exportations, les importations nettes représentant 0,067% du PIB. La structure technologique des exportations n'est pas meilleure que la structure des importations.

Consommation et reproduction. L'attitude de la reproduction vis-à-vis de la consommation n'est pas meilleure que la moyenne mondiale; ainsi la part du PIB dans le monde n'augmentera donc pas.

Série "Economie dans les pays": parallel.page.link/fr

© Ivan Kouchnir, 2020

Tous les droits sont réservés.

ISBN: 9798613507375

Contenu

Partie I. Taille — 4
   Chapitre I. Produit intérieur brut — 5
   Chapitre II. Valeur ajoutée — 8
   Chapitre III. Revenu national brut — 11

Partie II. Structure — 14
   Chapitre IV. Agriculture — 15
   Chapitre V. Industrie — 18
      Chapitre 5.1. Fabrication — 21
   Chapitre VI. Construction — 24
   Chapitre VII. Transport — 27
   Chapitre VIII. Commerce — 30
   Chapitre IX. Services — 33

Partie III. Relations extérieures — 36
   Chapitre X. Exportations — 37
   Chapitre XI. Importations — 40

Partie IV. Consommation — 43
   Chapitre XII. Dépenses publiques — 44
   Chapitre XIII. Dépenses ménagères — 47

Partie V. Reproduction — 50
   Chapitre XIV. Formation de capital fixe — 51

Partie I. Taille

	Les années 2010
PIB	2,1 milliards de dollars
Partager dans le monde	0,0026%
Partager en Afrique	0,089%
Partager en Afrique de l'Est	0,65%

Chapitre I. Produit intérieur brut

Le produit intérieur brut de l'Érythrée est passé de 606,2 millions de dollars par an dans les années 1990 à 2,1 milliards de dollars par an dans les années 2010, c'est-à-dire 1,4 milliards de dollars ou de 3,4 fois. La variation a été de 1,0 milliards de dollars en raison de l'augmentation de 2,0 fois des prix, et de 114,6 millions de dollars en raison de la croissance de productivité de 1,1 fois, et de 300,4 millions de dollars en raison de la croissance démographique. La croissance annuelle moyenne du produit intérieur brut était de 4,0%. La valeur minimale était de 332,4 millions de dollars en 1990. La valeur maximale était de 2,6 milliards de dollars en 2014.

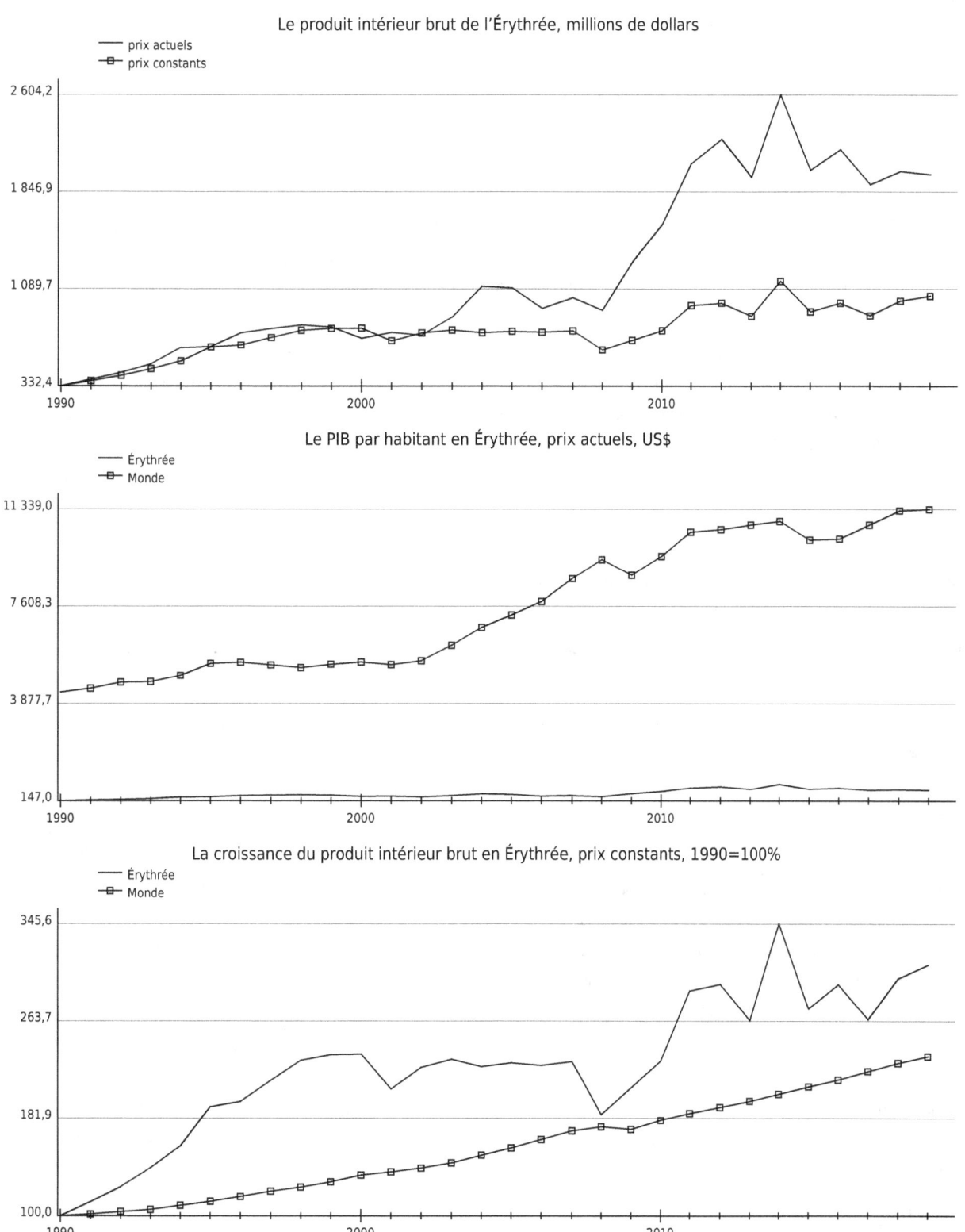

Les années 1990

Le produit intérieur brut de l'Érythrée était de 606,2 millions de dollars par an dans les années 1990, se classant au 176ème rang mondial à égalité avec les Seychelles (595,6 millions de dollars), d'Antigua-et-Barbuda (595,1 millions de dollars), la Guinée-Bissau (594,1 millions de dollars). La part dans le monde était de 0,0021% et de 0,10% en Afrique.

Le produit intérieur brut de l'Érythrée était constitué des dépenses ménagères (90,0%), des dépenses publiques (32,9%) et de la formation de capital (26,9%).

Le PIB par habitant en Érythrée était de 272.1 dollars dans les années 1990, se situant au 196ème rang mondial, à égalité avec le Cambodge (271,1 de dollars), le Rwanda (273,8 de dollars). Le PIB par habitant en Érythrée était 18,4 fois inférieur le PIB par habitant au Monde (5 020,1 US$), et 3,1 fois inférieur le PIB par habitant en Afrique (833,3 US$).

La croissance du produit intérieur brut en Érythrée était de 10% dans les années 1990, au 6ème rang mondial, à égalité avec les Îles Turks-et-Caïcos (9,9%), la Chine (10,0%). La croissance du produit intérieur brut en Érythrée (10,0%) a été supérieure à celle du monde (2,8%), et supérieure à celle de l'Afrique (2,4%).

Comparaison avec les voisins. Le produit intérieur brut de l'Érythrée était supérieur à celui de Djibouti (491,8 millions de dollars); mais inférieur à celui du Soudan (11,4 milliards de dollars) et de l'Éthiopie (8,8 milliards de dollars). Le produit intérieur brut par habitant en Érythrée était supérieur à celui de l'Éthiopie (157,0 de dollars); mais inférieur à celui de Djibouti (772,2 de dollars) et du Soudan (392,5 de dollars). La croissance du PIB en Érythrée était supérieure à celle du Soudan (5,6%), de Djibouti (1,8%) et de l'Éthiopie (1,5%).

Comparaison avec les leaders. Le produit intérieur brut de l'Érythrée était inférieur à celui des États-Unis (7,6 billions de dollars), du Japon (4,3 billions de dollars), de l'Allemagne (2,2 billions de dollars), de la France (1,4 billions de dollars) et du Royaume-Uni (1,3 billions de dollars). Le PIB par habitant en Érythrée était inférieur à celui du Japon (34 325,0 de dollars), des États-Unis (28 654,0 de dollars), de l'Allemagne (27 003,8 de dollars), de la France (24 100,9 de dollars) et du Royaume-Uni (22 920,4 de dollars). La croissance du produit intérieur brut en Érythrée était supérieure à celle des États-Unis (3,2%), du Royaume-Uni (2,3%), de l'Allemagne (2,2%), de la France (2,0%) et du Japon (1,5%).

Les années 2000

Le PIB de l'Érythrée était de 944,2 millions de dollars par an dans les années 2000, se situant au 183ème rang mondial. La part dans le monde était de 0,0020% et de 0,085% en Afrique.

Le PIB de l'Érythrée était constitué des dépenses ménagères (84,7%), des dépenses publiques (38,0%) et de la formation de capital (20,8%).

Le produit intérieur brut par habitant en Érythrée était de 344.7 dollars dans les années 2000, se classant au 200ème rang mondial, à égalité avec la Birmanie (346,6 de dollars). Le PIB par habitant en Érythrée était 20,8 fois inférieur le produit intérieur brut par habitant au Monde (7 176,3 US$), et 3,6 fois inférieur le PIB par habitant en Afrique (1 228,8 US$).

La croissance du produit intérieur brut en Érythrée était de -1.2% dans les années 2000, au 207ème rang mondial. La croissance du produit intérieur brut en Érythrée (-1,2%) a été inférieure à celle du monde (3,0%), et inférieure à celle de l'Afrique (5,1%).

Comparaison avec les voisins. Le PIB de l'Érythrée était supérieur à celui de Djibouti (738,8 millions de dollars); mais inférieur à celui du Soudan (35,9 milliards de dollars) et de l'Éthiopie (14,2 milliards de dollars). Le PIB par habitant en Érythrée était supérieur à celui de l'Éthiopie (188,0 de dollars); mais inférieur à celui de Djibouti (952,5 de dollars) et du Soudan (944,3 de dollars). La croissance du produit intérieur brut en Érythrée était inférieure à celle de l'Éthiopie (8,0%), du Soudan (7,0%) et de Djibouti (5,3%).

Comparaison avec les leaders. Le PIB de l'Érythrée était inférieur à celui des États-Unis (12,6 billions de dollars), du Japon (4,7 billions de dollars), de l'Allemagne (2,8 billions de dollars), de la Chine (2,6 billions de dollars) et du Royaume-Uni (2,3 billions de dollars). Le produit intérieur brut par habitant en Érythrée était inférieur à celui des États-Unis (42 841,2 de dollars), du Royaume-Uni (38 399,3 de dollars), du Japon (36 386,2 de dollars), de l'Allemagne (33 966,8 de dollars) et de la Chine (1 954,1 de dollars). La croissance du PIB en Érythrée était inférieure à celle de la Chine (10,3%), des États-Unis (1,9%), du Royaume-Uni (1,7%), de l'Allemagne (0,73%) et du Japon (0,50%).

Les années 2010

Chapitre I. Produit intérieur brut

Le PIB de l'Érythrée était de 2,1 milliards de dollars par an dans les années 2010, se situant au 179ème rang mondial à égalité avec le Bhoutan (2,1 milliards de dollars), la République centrafricaine (2,1 milliards de dollars). La part dans le monde était de 0,0026% et de 0,089% en Afrique.

Le PIB de l'Érythrée était constitué des dépenses ménagères (71,2%), des dépenses publiques (19,8%) et de la formation de capital (9,0%).

Le PIB par habitant en Érythrée était de 616.8 dollars dans les années 2010, se situant au 199ème rang mondial. Le produit intérieur brut par habitant en Érythrée était 17,2 fois inférieur le PIB par habitant au Monde (10 603,1 US$), et 3,2 fois inférieur le PIB par habitant en Afrique (1 979,5 US$).

La croissance du produit intérieur brut en Érythrée était de 4.1% dans les années 2010, se situant au 71ème rang mondial, à égalité avec la Guinée-Bissau (4,1%), le Kirghizistan (4,1%), Sao Tomé-et-Principe (4,2%). La croissance du PIB en Érythrée (4,1%) a été supérieure à celle du monde (3,1%), et supérieure à celle de l'Afrique (2,9%).

Comparaison avec les voisins. Le produit intérieur brut de l'Érythrée était 34,4 fois inférieur à celui du Soudan (70,6 milliards de dollars), 28,5 fois inférieur à celui de l'Éthiopie (58,5 milliards de dollars) et 9,0% inférieur à celui de Djibouti (2,3 milliards de dollars). Le produit intérieur brut par habitant en Érythrée était 5,1% supérieur à celui de l'Éthiopie (587,0 de dollars); mais 4,0 fois inférieur à celui de Djibouti (2 491,4 de dollars) et 3,0 fois inférieur à celui du Soudan (1 833,1 de dollars). La croissance du produit intérieur brut en Érythrée était supérieure à celle du Soudan (3,0%); mais inférieure à celle de l'Éthiopie (9,8%) et de Djibouti (9,4%).

Comparaison avec les leaders. Le produit intérieur brut de l'Érythrée était 8 740,4 fois inférieur à celui des États-Unis (18,0 billions de dollars), 5 112,4 fois inférieur à celui de la Chine (10,5 billions de dollars), 2 544,2 fois inférieur à celui du Japon (5,2 billions de dollars), 1 781,8 fois inférieur à celui de l'Allemagne (3,7 billions de dollars) et 1 346,3 fois inférieur à celui du Royaume-Uni (2,8 billions de dollars). Le produit intérieur brut par habitant en Érythrée était 91,1 fois inférieur à celui des États-Unis (56 220,1 de dollars), 72,5 fois inférieur à celui de l'Allemagne (44 732,1 de dollars), 68,4 fois inférieur à celui du Royaume-Uni (42 176,3 de dollars), 66,3 fois inférieur à celui du Japon (40 869,8 de dollars) et 12,1 fois inférieur à celui de la Chine (7 491,3 de dollars). La croissance du PIB en Érythrée était supérieure à celle des États-Unis (2,3%), de l'Allemagne (1,9%), du Royaume-Uni (1,8%) et du Japon (1,3%); mais inférieure à celle de la Chine (7,7%).

Chapitre II. Valeur ajoutée

La valeur ajoutée de l'Érythrée est passé de 545,2 millions de dollars par an dans les années 1990 à 2,0 milliards de dollars par an dans les années 2010, c'est-à-dire 1,5 milliards de dollars ou de 3,8 fois. La variation a été de 1,0 milliards de dollars en raison de l'augmentation de 2,0 fois des prix, et de 203,4 millions de dollars en raison de la croissance de productivité de 1,2 fois, et de 270,1 millions de dollars en raison de la croissance démographique. La croissance annuelle moyenne de la valeur ajoutée était de 4,5%. La valeur minimale était de 293,5 millions de dollars en 1990. La valeur maximale était de 2,6 milliards de dollars en 2014.

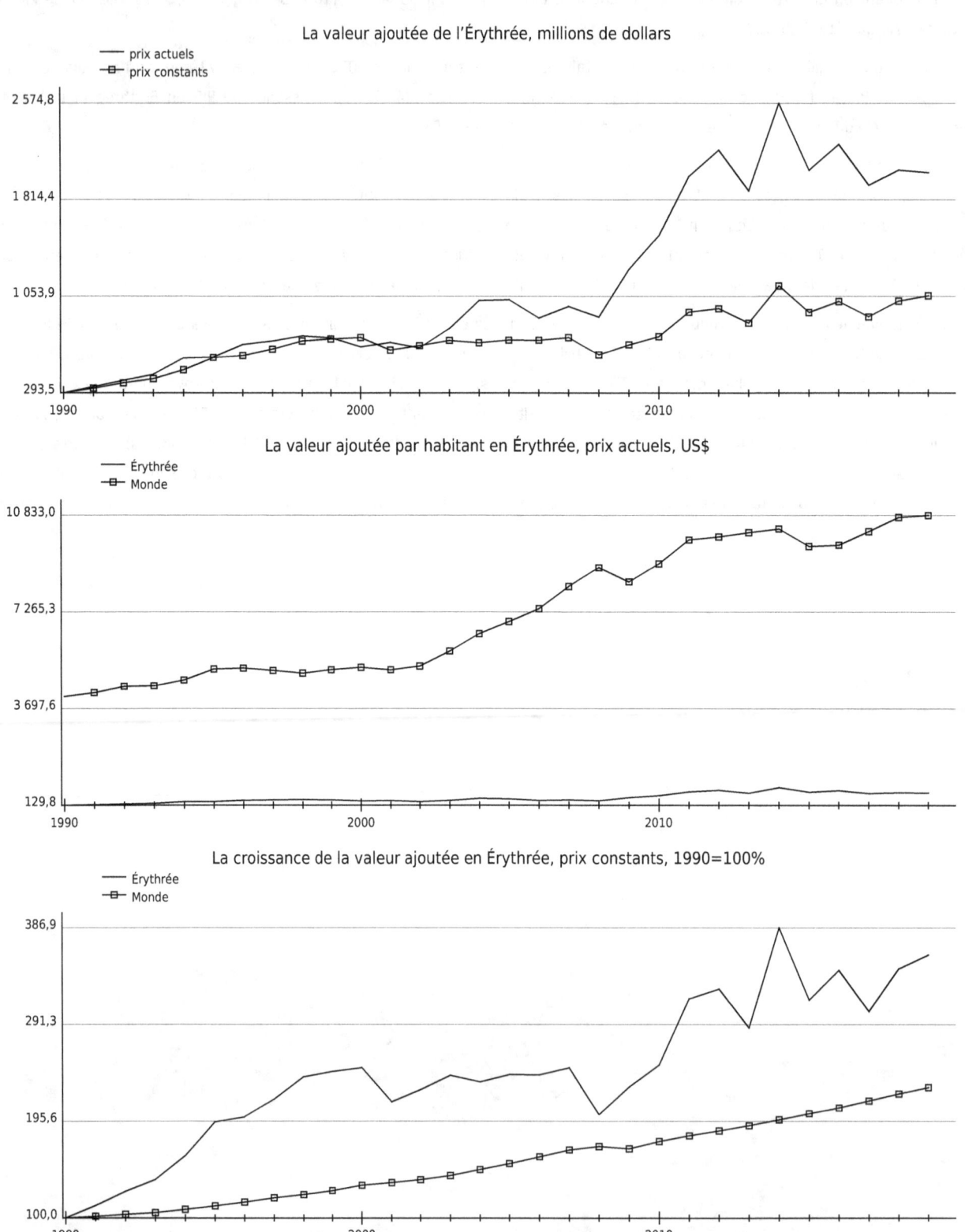

Chapitre II. Valeur ajoutée

Les années 1990

La valeur ajoutée de l'Érythrée était de 545,2 millions de dollars par an dans les années 1990, se classant au 177ème rang mondial. La part dans le monde était de 0,0020% et de 0,097% en Afrique.

La valeur ajoutée totale de l'Érythrée était constituée de: services (24,3%), agriculture (22,8%), commerce (22,4%), transport (12,2%), industrie (10,1%), construction (8,3%).

La valeur ajoutée par habitant en Érythrée était de 244.7 dollars dans les années 1990, au 199ème rang mondial. La valeur ajoutée par habitant en Érythrée était 19,6 fois inférieure la valeur ajoutée par habitant au Monde (4 799,9 US$), et 3,2 fois inférieure la valeur ajoutée par habitant en Afrique (793,2 US$).

La croissance de la valeur ajoutée en Érythrée était de 10.5% dans les années 1990, se situant au 4ème rang mondial. La croissance de la valeur ajoutée en Érythrée (10,5%) a été supérieure à celle du monde (2,7%), et supérieure à celle de l'Afrique (2,3%).

Comparaison avec les voisins. La valeur ajoutée de l'Érythrée était supérieure à celle de Djibouti (426,4 millions de dollars); mais inférieure à celle du Soudan (11,1 milliards de dollars) et de l'Éthiopie (8,4 milliards de dollars). La valeur ajoutée par habitant en Érythrée était supérieure à celle de l'Éthiopie (149,7 de dollars); mais inférieure à celle de Djibouti (669,6 de dollars) et du Soudan (382,1 de dollars). La croissance de la valeur ajoutée en Érythrée était supérieure à celle du Soudan (7,1%), de l'Éthiopie (3,5%) et de Djibouti (1,0%).

Comparaison avec les leaders. La valeur ajoutée de l'Érythrée était inférieure à celle des États-Unis (7,6 billions de dollars), du Japon (4,3 billions de dollars), de l'Allemagne (2,0 billions de dollars), de la France (1,3 billions de dollars) et du Royaume-Uni (1,2 billions de dollars). La valeur ajoutée par habitant en Érythrée était inférieure à celle du Japon (34 190,7 de dollars), des États-Unis (28 605,8 de dollars), de l'Allemagne (24 519,7 de dollars), de la France (21 588,1 de dollars) et du Royaume-Uni (21 414,8 de dollars). La croissance de la valeur ajoutée en Érythrée était supérieure à celle des États-Unis (2,8%), du Royaume-Uni (2,4%), de l'Allemagne (2,1%), de la France (1,8%) et du Japon (1,8%).

Les années 2000

La valeur ajoutée de l'Érythrée était de 885,7 millions de dollars par an dans les années 2000, se classant au 183ème rang mondial. La part dans le monde était de 0,0020% et de 0,084% en Afrique.

La valeur ajoutée totale de l'Érythrée était constituée de: services (28,1%), commerce (19,4%), agriculture (17,9%), construction (12,7%), transport (12,4%), industrie (9,5%).

La valeur ajoutée par habitant en Érythrée était de 323.4 dollars dans les années 2000, se classant au 200ème rang mondial, à égalité avec le Rwanda (326,5 de dollars), le Népal (315,8 de dollars). La valeur ajoutée par habitant en Érythrée était 21,1 fois inférieure la valeur ajoutée par habitant au Monde (6 818,0 US$), et 3,6 fois inférieure la valeur ajoutée par habitant en Afrique (1 165,9 US$).

La croissance de la valeur ajoutée en Érythrée était de -0.6% dans les années 2000, au 206ème rang mondial. La croissance de la valeur ajoutée en Érythrée (-0,65%) a été inférieure à celle du monde (2,9%), et inférieure à celle de l'Afrique (4,9%).

Comparaison avec les voisins. La valeur ajoutée de l'Érythrée était supérieure à celle de Djibouti (657,2 millions de dollars); mais inférieure à celle du Soudan (35,2 milliards de dollars) et de l'Éthiopie (13,4 milliards de dollars). La valeur ajoutée par habitant en Érythrée était supérieure à celle de l'Éthiopie (176,9 de dollars); mais inférieure à celle du Soudan (924,8 de dollars) et de Djibouti (847,2 de dollars). La croissance de la valeur ajoutée en Érythrée était inférieure à celle de l'Éthiopie (7,6%), du Soudan (7,2%) et de Djibouti (4,4%).

Comparaison avec les leaders. La valeur ajoutée de l'Érythrée était inférieure à celle des États-Unis (12,6 billions de dollars), du Japon (4,7 billions de dollars), de la Chine (2,6 billions de dollars), de l'Allemagne (2,5 billions de dollars) et du Royaume-Uni (2,1 billions de dollars). La valeur ajoutée par habitant en Érythrée était inférieure à celle des États-Unis (42 840,8 de dollars), du Japon (36 383,0 de dollars), du Royaume-Uni (34 611,1 de dollars), de l'Allemagne (30 717,6 de dollars) et de la Chine (1 954,1 de dollars). La croissance de la valeur ajoutée en Érythrée était inférieure à celle de la Chine (10,2%), des États-Unis (1,7%), du Royaume-Uni (1,7%), de l'Allemagne (0,65%) et du Japon (0,27%).

Les années 2010

La valeur ajoutée de l'Érythrée était de 2,0 milliards de dollars par an dans les années 2010, au 176ème rang mondial à égalité avec

Djibouti (2,1 milliards de dollars). La part dans le monde était de 0,0028% et de 0,093% en Afrique.

La valeur ajoutée totale de l'Érythrée était constituée de: services (27,7%), agriculture (17,4%), construction (15,7%), industrie (15,6%), transport (12,3%), commerce (11,4%).

La valeur ajoutée par habitant en Érythrée était de 615.1 dollars dans les années 2010, au 199ème rang mondial. La valeur ajoutée par habitant en Érythrée était 16,4 fois inférieure la valeur ajoutée par habitant au Monde (10 094,6 US$), et 3,1 fois inférieure la valeur ajoutée par habitant en Afrique (1 886,4 US$).

La croissance de la valeur ajoutée en Érythrée était de 4.6% dans les années 2010, se situant au 52ème rang mondial, à égalité avec le Népal (4,6%). La croissance de la valeur ajoutée en Érythrée (4,6%) a été supérieure à celle du monde (3,1%), et supérieure à celle de l'Afrique (2,7%).

Comparaison avec les voisins. La valeur ajoutée de l'Érythrée était 34,6 fois inférieure à celle du Soudan (70,9 milliards de dollars), 26,8 fois inférieure à celle de l'Éthiopie (54,8 milliards de dollars) et 2,2% inférieure à celle de Djibouti (2,1 milliards de dollars). La valeur ajoutée par habitant en Érythrée était 11,7% supérieure à celle de l'Éthiopie (550,6 de dollars); mais 3,8 fois inférieure à celle de Djibouti (2 310,7 de dollars) et 3,0 fois inférieure à celle du Soudan (1 839,0 de dollars). La croissance de la valeur ajoutée en Érythrée était supérieure à celle du Soudan (3,0%); mais inférieure à celle de l'Éthiopie (10,1%) et de Djibouti (10,0%).

Comparaison avec les leaders. La valeur ajoutée de l'Érythrée était 8 765,3 fois inférieure à celle des États-Unis (18,0 billions de dollars), 5 126,9 fois inférieure à celle de la Chine (10,5 billions de dollars), 2 538,3 fois inférieure à celle du Japon (5,2 billions de dollars), 1 611,7 fois inférieure à celle de l'Allemagne (3,3 billions de dollars) et 1 205,5 fois inférieure à celle du Royaume-Uni (2,5 billions de dollars). La valeur ajoutée par habitant en Érythrée était 91,4 fois inférieure à celle des États-Unis (56 220,3 de dollars), 66,1 fois inférieure à celle du Japon (40 660,3 de dollars), 65,6 fois inférieure à celle de l'Allemagne (40 346,4 de dollars), 61,2 fois inférieure à celle du Royaume-Uni (37 659,6 de dollars) et 12,2 fois inférieure à celle de la Chine (7 491,3 de dollars). La croissance de la valeur ajoutée en Érythrée était supérieure à celle des États-Unis (2,2%), de l'Allemagne (1,9%), du Royaume-Uni (1,8%) et du Japon (1,3%); mais inférieure à celle de la Chine (7,7%).

Chapitre III. Revenu national brut

Le RNB de l'Érythrée est passé de 607,1 millions de dollars par an dans les années 1990 à 2,0 milliards de dollars par an dans les années 2010, c'est-à-dire 1,4 milliards de dollars ou de 3,3 fois. La variation a été de 1,0 milliards de dollars en raison de l'augmentation de 2,0 fois des prix, et de 101,4 millions de dollars en raison de la croissance de productivité de 1,1 fois, et de 300,8 millions de dollars en raison de la croissance démographique. La croissance annuelle moyenne du revenu national brut était de 4,0%. La valeur minimale était de 332,4 millions de dollars en 1990. La valeur maximale était de 2,6 milliards de dollars en 2014.

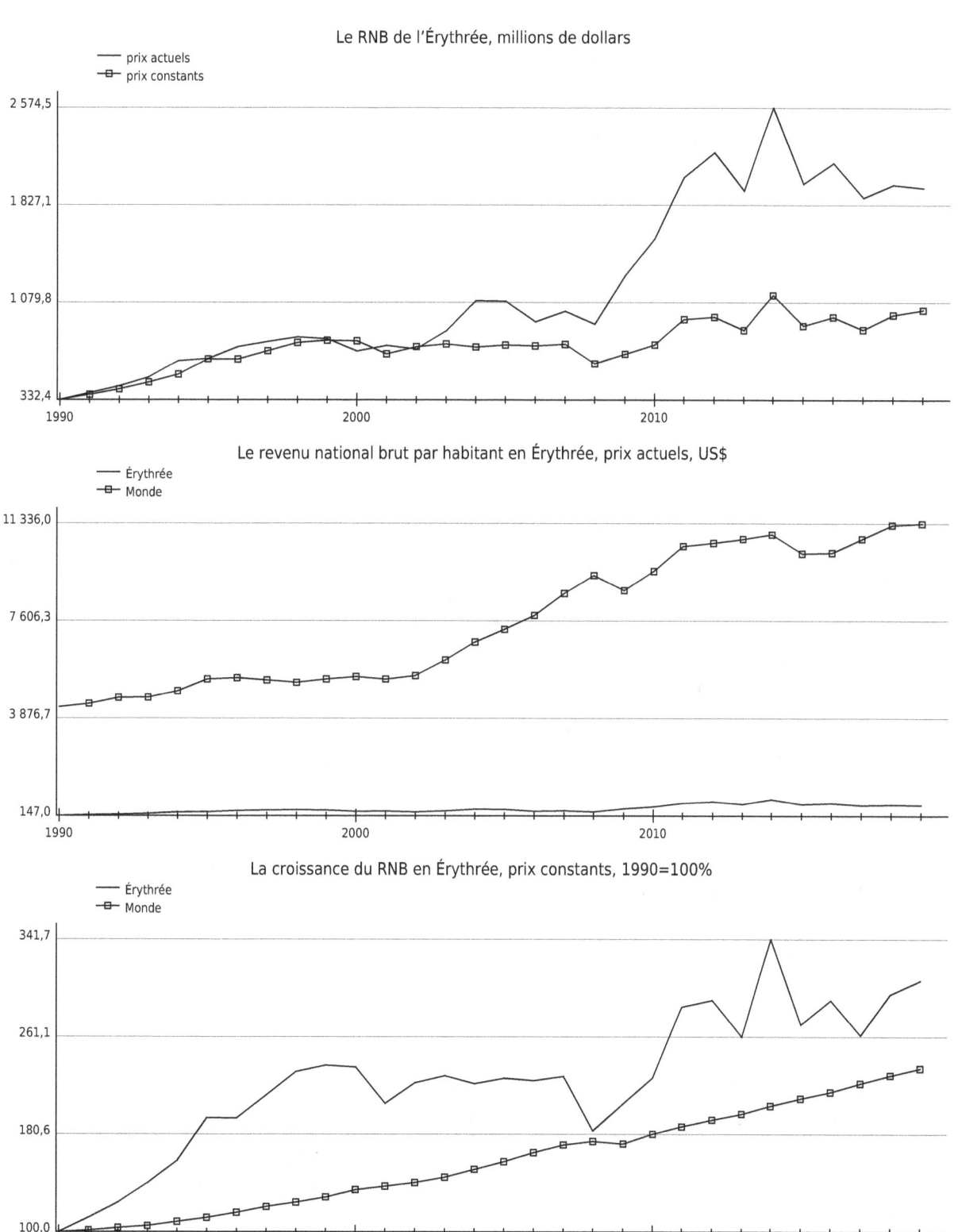

Les années 1990

Le revenu national brut de l'Érythrée était de 607,1 millions de dollars par an dans les années 1990, au 176ème rang mondial. La part dans le monde était de 0,0021% et de 0,11% en Afrique.

Le revenu national brut par habitant en Érythrée était de 272.5 dollars dans les années 1990, se situant au 194ème rang mondial, à égalité avec le Rwanda (272,1 de dollars), Madagascar (279,3 de dollars). Le revenu national brut par habitant en Érythrée était 18,3 fois inférieur le revenu national brut par habitant au Monde (4 991,4 US$), et 2,9 fois inférieur le revenu national brut par habitant en Afrique (799,7 US$).

La croissance du revenu national brut en Érythrée était de 10.1% dans les années 1990, se situant au 6ème rang mondial. La croissance du revenu national brut en Érythrée (10,1%) a été supérieure à celle du monde (2,8%), et supérieure à celle de l'Afrique (2,5%).

Comparaison avec les voisins. Le RNB de l'Érythrée était supérieur à celui de Djibouti (495,6 millions de dollars); mais inférieur à celui du Soudan (10,8 milliards de dollars) et de l'Éthiopie (8,8 milliards de dollars). Le RNB par habitant en Érythrée était supérieur à celui de l'Éthiopie (156,3 de dollars); mais inférieur à celui de Djibouti (778,2 de dollars) et du Soudan (372,9 de dollars). La croissance du revenu national brut en Érythrée était supérieure à celle du Soudan (6,0%), de Djibouti (2,4%) et de l'Éthiopie (0,67%).

Comparaison avec les leaders. Le RNB de l'Érythrée était inférieur à celui des États-Unis (7,5 billions de dollars), du Japon (4,4 billions de dollars), de l'Allemagne (2,2 billions de dollars), de la France (1,4 billions de dollars) et du Royaume-Uni (1,3 billions de dollars). Le revenu national brut par habitant en Érythrée était inférieur à celui du Japon (34 665,3 de dollars), des États-Unis (28 503,5 de dollars), de l'Allemagne (27 004,0 de dollars), de la France (24 286,5 de dollars) et du Royaume-Uni (23 037,3 de dollars). La croissance du RNB en Érythrée était supérieure à celle des États-Unis (3,4%), de la France (2,2%), du Royaume-Uni (2,0%), de l'Allemagne (2,0%) et du Japon (1,5%).

Les années 2000

Le revenu national brut de l'Érythrée était de 936,9 millions de dollars par an dans les années 2000, se situant au 183ème rang mondial. La part dans le monde était de 0,0020% et de 0,087% en Afrique.

Le revenu national brut par habitant en Érythrée était de 342 dollars dans les années 2000, se situant au 199ème rang mondial, à égalité avec la Birmanie (337,3 de dollars). Le RNB par habitant en Érythrée était 20,9 fois inférieur le RNB par habitant au Monde (7 165,2 US$), et 3,5 fois inférieur le revenu national brut par habitant en Afrique (1 185,1 US$).

La croissance du revenu national brut en Érythrée était de -1.4% dans les années 2000, se classant au 207ème rang mondial. La croissance du RNB en Érythrée (-1,4%) a été inférieure à celle du monde (3,0%), et inférieure à celle de l'Afrique (5,1%).

Comparaison avec les voisins. Le RNB de l'Érythrée était supérieur à celui de Djibouti (795,9 millions de dollars); mais inférieur à celui du Soudan (34,4 milliards de dollars) et de l'Éthiopie (14,2 milliards de dollars). Le revenu national brut par habitant en Érythrée était supérieur à celui de l'Éthiopie (187,9 de dollars); mais inférieur à celui de Djibouti (1 026,1 de dollars) et du Soudan (905,1 de dollars). La croissance du revenu national brut en Érythrée était inférieure à celle de l'Éthiopie (8,0%), du Soudan (6,5%) et de Djibouti (6,0%).

Comparaison avec les leaders. Le RNB de l'Érythrée était inférieur à celui des États-Unis (12,7 billions de dollars), du Japon (4,8 billions de dollars), de l'Allemagne (2,8 billions de dollars), de la Chine (2,6 billions de dollars) et du Royaume-Uni (2,3 billions de dollars). Le RNB par habitant en Érythrée était inférieur à celui des États-Unis (43 177,4 de dollars), du Royaume-Uni (38 514,5 de dollars), du Japon (37 144,2 de dollars), de l'Allemagne (34 189,0 de dollars) et de la Chine (1 950,5 de dollars). La croissance du RNB en Érythrée était inférieure à celle de la Chine (10,4%), des États-Unis (1,8%), du Royaume-Uni (1,7%), de l'Allemagne (1,0%) et du Japon (0,62%).

Les années 2010

Le revenu national brut de l'Érythrée était de 2,0 milliards de dollars par an dans les années 2010, se classant au 178ème rang mondial. La part dans le monde était de 0,0026% et de 0,091% en Afrique.

Le revenu national brut par habitant en Érythrée était de 609.7 dollars dans les années 2010, se situant au 199ème rang mondial. Le revenu national brut par habitant en Érythrée était 17,4 fois inférieur le revenu national brut par habitant au Monde (10 611,7 US$), et 3,1 fois inférieur le revenu national brut par habitant en Afrique (1 913,3 US$).

Chapitre III. Revenu national brut

La croissance du revenu national brut en Érythrée était de 4.1% dans les années 2010, au 74ème rang mondial, à égalité avec Sao Tomé-et-Principe (4,1%), l'Afghanistan (4,1%). La croissance du RNB en Érythrée (4,1%) a été supérieure à celle du monde (3,1%), et supérieure à celle de l'Afrique (2,9%).

Comparaison avec les voisins. Le revenu national brut de l'Érythrée était 33,1 fois inférieur à celui du Soudan (67,3 milliards de dollars), 28,6 fois inférieur à celui de l'Éthiopie (58,1 milliards de dollars) et 14,6% inférieur à celui de Djibouti (2,4 milliards de dollars). Le revenu national brut par habitant en Érythrée était 4,5% supérieur à celui de l'Éthiopie (583,6 de dollars); mais 4,3 fois inférieur à celui de Djibouti (2 623,2 de dollars) et 2,9 fois inférieur à celui du Soudan (1 745,6 de dollars). La croissance du RNB en Érythrée était supérieure à celle du Soudan (4,0%); mais inférieure à celle de l'Éthiopie (9,7%) et de Djibouti (8,8%).

Comparaison avec les leaders. Le revenu national brut de l'Érythrée était 9 011,7 fois inférieur à celui des États-Unis (18,3 billions de dollars), 5 152,8 fois inférieur à celui de la Chine (10,5 billions de dollars), 2 657,8 fois inférieur à celui du Japon (5,4 billions de dollars), 1 845,6 fois inférieur à celui de l'Allemagne (3,7 billions de dollars) et 1 351,8 fois inférieur à celui de la France (2,7 billions de dollars). Le RNB par habitant en Érythrée était 94,0 fois inférieur à celui des États-Unis (57 299,9 de dollars), 75,1 fois inférieur à celui de l'Allemagne (45 801,3 de dollars), 69,2 fois inférieur à celui du Japon (42 204,7 de dollars), 67,9 fois inférieur à celui de la France (41 404,4 de dollars) et 12,2 fois inférieur à celui de la Chine (7 463,8 de dollars). La croissance du RNB en Érythrée était supérieure à celle des États-Unis (2,5%), de l'Allemagne (2,0%), du Japon (1,4%) et de la France (1,4%); mais inférieure à celle de la Chine (7,7%).

Partie II. Structure

	Les années 2010
agriculture	17,4%
industrie	15,6%
construction	15,7%
commerce	11,4%
transport	12,3%
services	27,7%

Chapitre IV. Agriculture

Agriculture, chasse, sylviculture et pêche (ISIC A-B)

Le secteur de l'agriculture en Érythrée est passé de 124,2 millions de dollars par an dans les années 1990 à 355,6 millions de dollars par an dans les années 2010, c'est-à-dire 231,4 millions de dollars ou de 2,9 fois. La variation a été de 179,2 millions de dollars en raison de l'augmentation de 2,0 fois des prix, et de -9,4 millions de dollars en raison de la baisse de productivité de 1,1 fois, et de 61,5 millions de dollars en raison de la croissance démographique. La croissance annuelle moyenne de l'agriculture était de 3,0%. La valeur minimale était de 76,0 millions de dollars en 2002. La valeur maximale était de 441,8 millions de dollars en 2014.

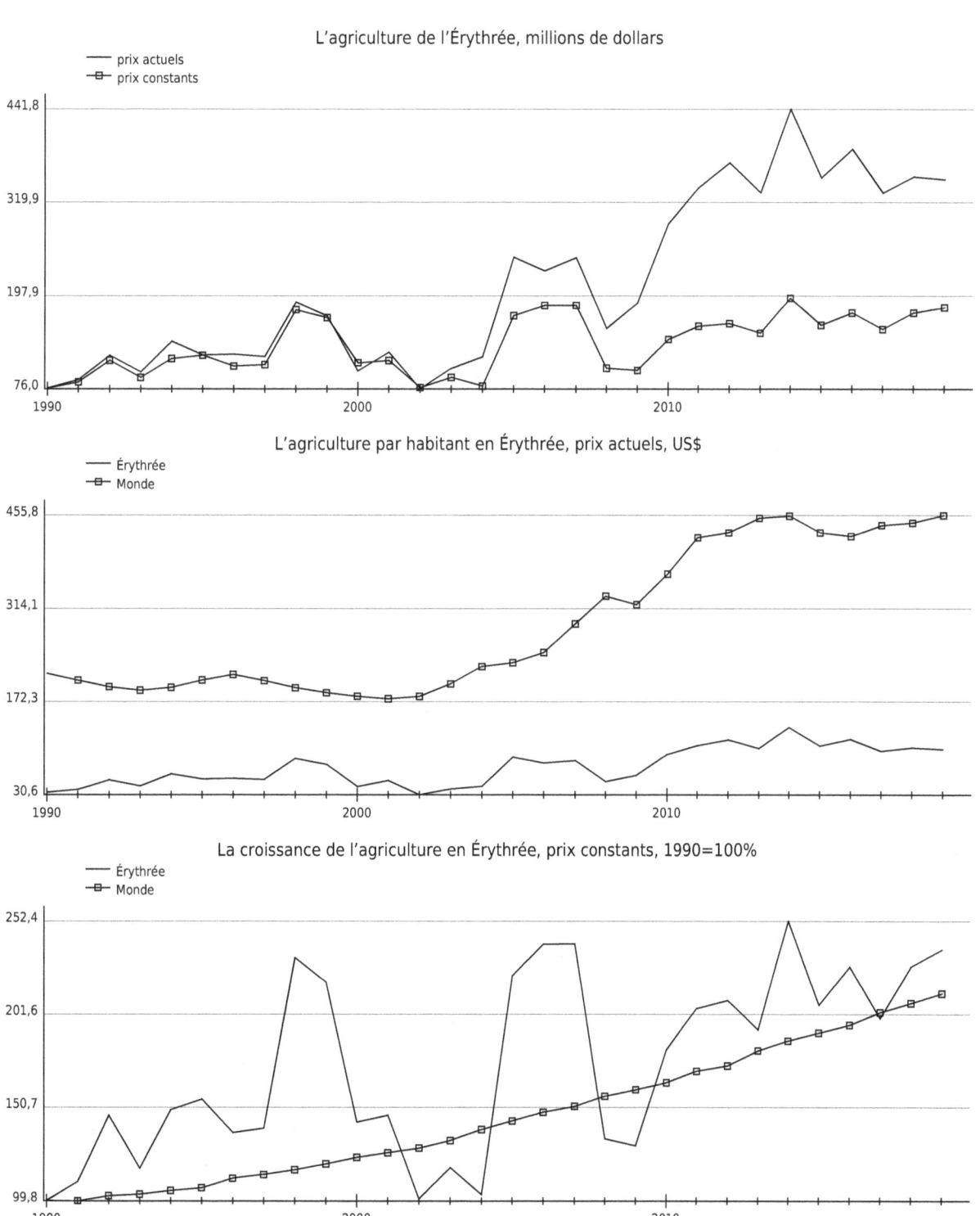

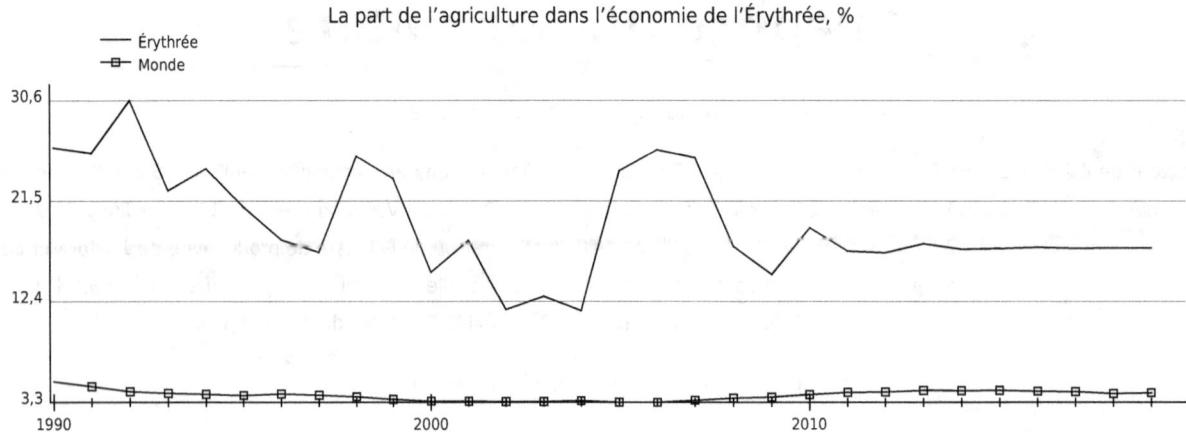

Les années 1990

Le secteur de l'agriculture en Érythrée était de 124,2 millions de dollars par an dans les années 1990, se situant au 160ème rang mondial à égalité avec les Salomon (122,0 millions de dollars). La part dans le monde était de 0,011% et de 0,13% en Afrique.

La part de l'agriculture dans l'économie de l'Érythrée était de 22,8% dans les années 1990, se classant au 62ème rang mondial, à égalité avec l'Afrique centrale (22,7%).

L'agriculture par habitant en Érythrée était de 55.7 dollars dans les années 1990, se situant au 199ème rang mondial, à égalité avec le Koweït (56,0 de dollars). L'agriculture par habitant en Érythrée était 3,6 fois inférieure l'agriculture par habitant au Monde (199,8 US$), et 2,4 fois inférieure l'agriculture par habitant en Afrique (134,5 US$).

La croissance de l'agriculture en Érythrée était de 9.1% dans les années 1990, au 5ème rang mondial, à égalité avec les Émirats arabes unis (9,1%), le Soudan (9,1%). La croissance de l'agriculture en Érythrée (9,1%) a été supérieure à celle du monde (2,2%), et supérieure à celle de l'Afrique (2,8%).

Comparaison avec les voisins. La valeur ajoutée de l'agriculture en Érythrée était supérieure à celle de Djibouti (14,6 millions de dollars); mais inférieure à celle de l'Éthiopie (4,7 milliards de dollars) et du Soudan (4,4 milliards de dollars). L'agriculture par habitant en Érythrée était supérieure à celle de Djibouti (22,9 de dollars); mais inférieure à celle du Soudan (153,4 de dollars) et de l'Éthiopie (84,6 de dollars). La croissance de l'agriculture en Érythrée était supérieure à celle de l'Éthiopie (3,5%) et de Djibouti (3,0%); mais inférieure à celle du Soudan (9,1%).

Comparaison avec les leaders. Le secteur de l'agriculture en Érythrée était inférieur à celui de la Chine (139,0 milliards de dollars), des États-Unis (96,1 milliards de dollars), de l'Inde (91,4 milliards de dollars), du Japon (78,9 milliards de dollars) et du Brésil (36,8 milliards de dollars). L'agriculture par habitant en Érythrée était inférieure à celle du Japon (625,5 de dollars), des États-Unis (363,4 de dollars), du Brésil (228,7 de dollars), de la Chine (112,7 de dollars) et de l'Inde (95,6 de dollars). La croissance de l'agriculture en Érythrée était supérieure à celle de la Chine (4,3%), du Brésil (3,0%), de l'Inde (2,8%), des États-Unis (2,6%) et du Japon (-1,8%).

Les années 2000

La valeur ajoutée de l'agriculture en Érythrée était de 159,0 millions de dollars par an dans les années 2000, se situant au 159ème rang mondial à égalité avec le Luxembourg (156,0 millions de dollars), Trinité-et-Tobago (155,6 millions de dollars), le Bhoutan (162,4 millions de dollars). La part dans le monde était de 0,010% et de 0,096% en Afrique.

La part de l'agriculture dans l'économie de l'Érythrée était de 17,9% dans les années 2000, se classant au 57ème rang mondial, à égalité avec le Nicaragua (17,9%), la Guinée (17,8%).

L'agriculture par habitant en Érythrée était de 58 dollars dans les années 2000, se situant au 200ème rang mondial. L'agriculture par habitant en Érythrée était 4,1 fois inférieure l'agriculture par habitant au Monde (240,3 US$), et 3,1 fois inférieure l'agriculture par habitant en Afrique (182,0 US$).

La croissance de l'agriculture en Érythrée était de -5.1% dans les années 2000, se situant au 203ème rang mondial. La croissance de l'agriculture en Érythrée (-5,1%) a été inférieure à celle du monde (3,0%), et inférieure à celle de l'Afrique (5,1%).

Comparaison avec les voisins. L'agriculture de l'Érythrée était supérieure à celle de Djibouti (24,1 millions de dollars); mais inférieure

Chapitre IV. Agriculture

à celle du Soudan (12,4 milliards de dollars) et de l'Éthiopie (6,2 milliards de dollars). L'agriculture par habitant en Érythrée était supérieure à celle de Djibouti (31,1 de dollars); mais inférieure à celle du Soudan (326,8 de dollars) et de l'Éthiopie (82,1 de dollars). La croissance de l'agriculture en Érythrée était inférieure à celle de l'Éthiopie (6,2%), du Soudan (4,5%) et de Djibouti (3,6%).

Comparaison avec les leaders. L'agriculture de l'Érythrée était inférieure à celle de la Chine (297,7 milliards de dollars), de l'Inde (147,6 milliards de dollars), des États-Unis (122,5 milliards de dollars), du Japon (57,1 milliards de dollars) et du Nigeria (47,6 milliards de dollars). L'agriculture par habitant en Érythrée était inférieure à celle du Japon (445,6 de dollars), des États-Unis (416,9 de dollars), du Nigeria (346,4 de dollars), de la Chine (224,5 de dollars) et de l'Inde (129,7 de dollars). La croissance de l'agriculture en Érythrée était inférieure à celle du Nigeria (10,1%), de la Chine (4,0%), des États-Unis (3,6%), de l'Inde (2,0%) et du Japon (-1,3%).

Les années 2010

La valeur ajoutée de l'agriculture en Érythrée était de 355,6 millions de dollars par an dans les années 2010, se classant au 155ème rang mondial à égalité avec la Gambie (359,3 millions de dollars), le Botswana (348,8 millions de dollars). La part dans le monde était de 0,011% et de 0,10% en Afrique.

La part de l'agriculture dans l'économie de l'Érythrée était de 17,4% dans les années 2010, se situant au 56ème rang mondial, à égalité avec le Groenland (17,4%), la Micronésie (17,3%).

L'agriculture par habitant en Érythrée était de 106.7 dollars dans les années 2010, se situant au 192ème rang mondial. L'agriculture par habitant en Érythrée était 4,0 fois inférieure l'agriculture par habitant au Monde (432,1 US$), et 2,8 fois inférieure l'agriculture par habitant en Afrique (294,3 US$).

La croissance de l'agriculture en Érythrée était de 6.2% dans les années 2010, se classant au 18ème rang mondial. La croissance de l'agriculture en Érythrée (6,2%) a été supérieure à celle du monde (2,9%), et supérieure à celle de l'Afrique (3,7%).

Comparaison avec les voisins. La valeur ajoutée de l'agriculture en Érythrée était 11,3 fois supérieure à celle de Djibouti (31,4 millions de dollars); mais 59,8 fois inférieure à celle de l'Éthiopie (21,3 milliards de dollars) et 57,4 fois inférieure à celle du Soudan (20,4 milliards de dollars). L'agriculture par habitant en Érythrée était 3,1 fois supérieure à celle de Djibouti (34,7 de dollars); mais 5,0 fois inférieure à celle du Soudan (530,1 de dollars) et 2,0 fois inférieure à celle de l'Éthiopie (213,5 de dollars). La croissance de l'agriculture en Érythrée était supérieure à celle de l'Éthiopie (5,7%), du Soudan (4,0%) et de Djibouti (-1,2%).

Comparaison avec les leaders. La valeur ajoutée de l'agriculture en Érythrée était 2 492,5 fois inférieure à celle de la Chine (886,2 milliards de dollars), 1 022,1 fois inférieure à celle de l'Inde (363,4 milliards de dollars), 507,1 fois inférieure à celle des États-Unis (180,3 milliards de dollars), 348,9 fois inférieure à celle de l'Indonésie (124,1 milliards de dollars) et 269,3 fois inférieure à celle du Nigeria (95,8 milliards de dollars). L'agriculture par habitant en Érythrée était 5,9 fois inférieure à celle de la Chine (631,9 de dollars), 5,3 fois inférieure à celle des États-Unis (564,3 de dollars), 5,0 fois inférieure à celle du Nigeria (534,6 de dollars), 4,5 fois inférieure à celle de l'Indonésie (483,6 de dollars) et 2,6 fois inférieure à celle de l'Inde (279,1 de dollars). La croissance de l'agriculture en Érythrée était supérieure à celle de l'Inde (4,1%), de l'Indonésie (3,9%), de la Chine (3,8%), du Nigeria (3,6%) et des États-Unis (2,0%).

Chapitre V. Industrie

Exploitation minière, fabrication, services publics (ISIC C-E)

La valeur de l'industrie en Érythrée est passé de 54,9 millions de dollars par an dans les années 1990 à 319,7 millions de dollars par an dans les années 2010, c'est-à-dire 264,8 millions de dollars ou de 5,8 fois. La variation a été de 160,8 millions de dollars en raison de l'augmentation de 2,0 fois des prix, et de 76,8 millions de dollars en raison de la croissance de productivité de 1,9 fois, et de 27,2 millions de dollars en raison de la croissance démographique. La croissance annuelle moyenne de l'industrie était de 6,5%. La valeur minimale était de 26,6 millions de dollars en 1990. La valeur maximale était de 402,7 millions de dollars en 2014.

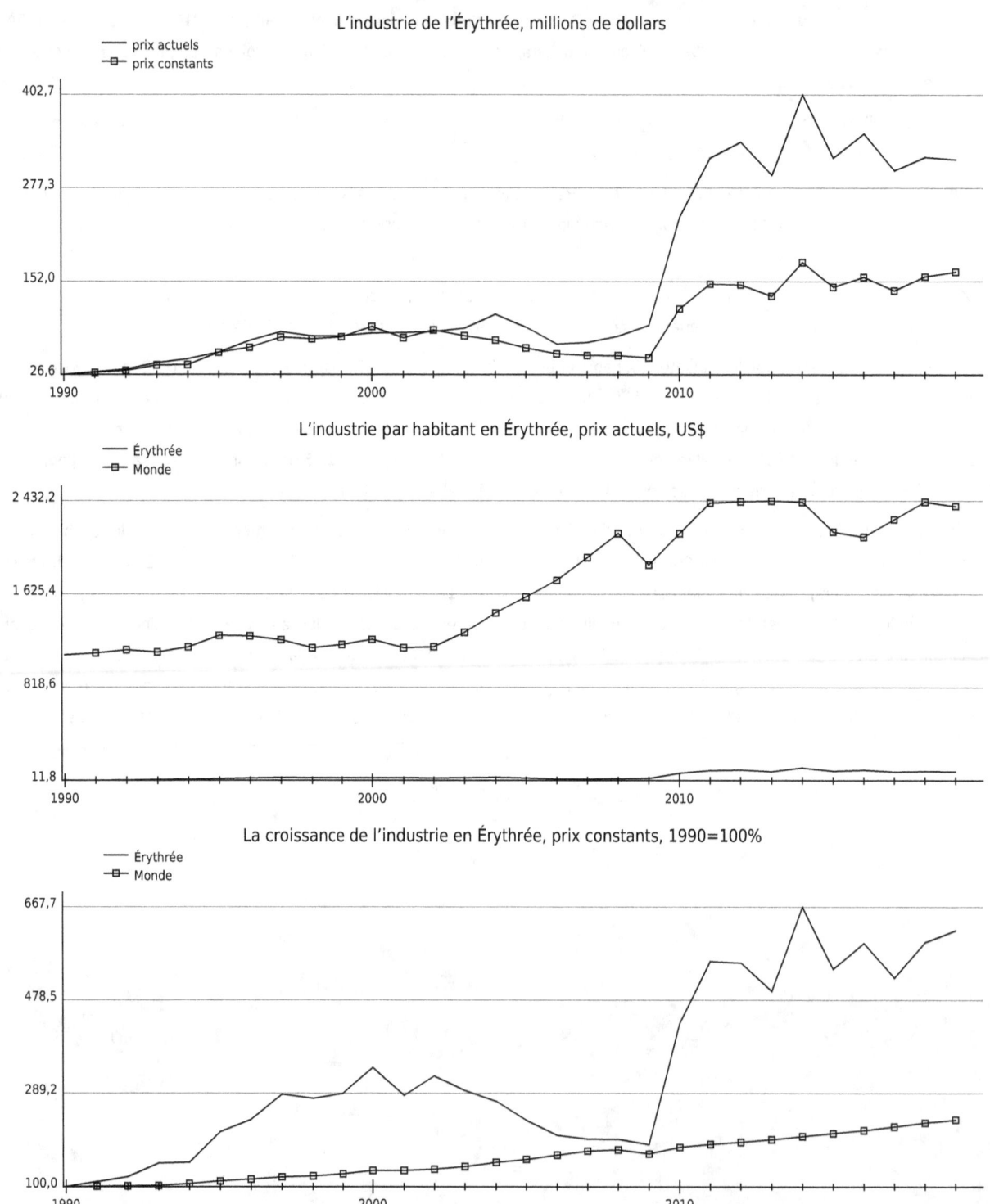

Chapitre V. Industrie

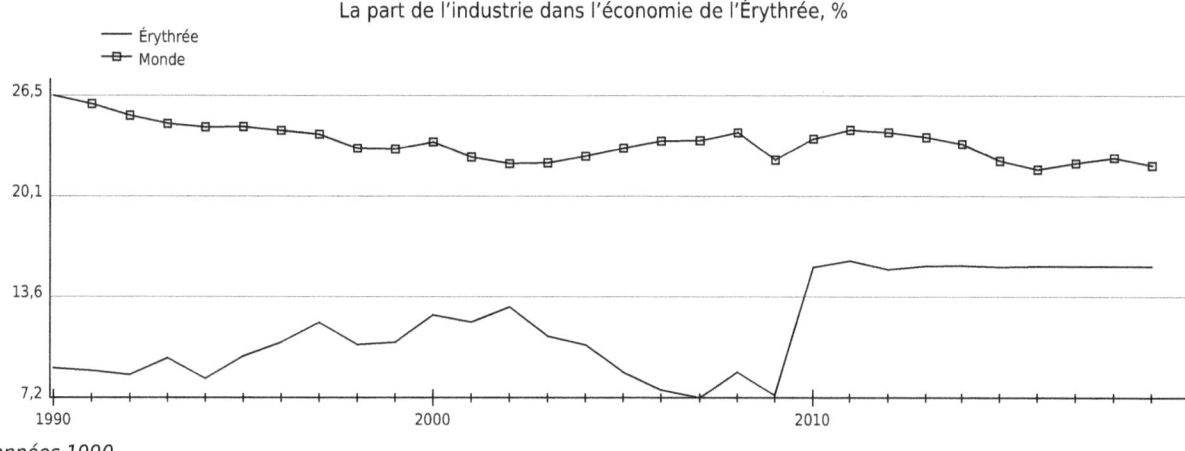

La part de l'industrie dans l'économie de l'Érythrée, %

Les années 1990

La valeur de l'industrie en Érythrée était de 54,9 millions de dollars par an dans les années 1990, se situant au 180ème rang mondial à égalité avec Sainte-Lucie (54,6 millions de dollars). La part dans le monde était de 0,0008% et de 0,035% en Afrique.

La part de l'industrie dans l'économie de l'Érythrée était de 10,1% dans les années 1990, au 172ème rang mondial, à égalité avec la Guinée-Bissau (10,1%), Hong Kong (10,0%), Sao Tomé-et-Principe (10,1%).

L'industrie par habitant en Érythrée était de 24.7 dollars dans les années 1990, se situant au 199ème rang mondial, à égalité avec le Tchad (24,7 de dollars). L'industrie par habitant en Érythrée était 47,7 fois inférieure l'industrie par habitant au Monde (1 175,6 US$), et 9,0 fois inférieure l'industrie par habitant en Afrique (222,8 US$).

La croissance de l'industrie en Érythrée était de 12.5% dans les années 1990, se classant au 10ème rang mondial. La croissance de l'industrie en Érythrée (12,5%) a été supérieure à celle du monde (2,5%), et supérieure à celle de l'Afrique (1,3%).

Comparaison avec les voisins. Le secteur de l'industrie en Érythrée était supérieur à celui de Djibouti (40,3 millions de dollars); mais inférieur à celui du Soudan (775,3 millions de dollars) et de l'Éthiopie (546,8 millions de dollars). L'industrie par habitant en Érythrée était supérieure à celle de l'Éthiopie (9,7 de dollars); mais inférieure à celle de Djibouti (63,3 de dollars) et du Soudan (26,8 de dollars). La croissance de l'industrie en Érythrée était supérieure à celle du Soudan (10,0%), de l'Éthiopie (2,7%) et de Djibouti (-2,8%).

Comparaison avec les leaders. La valeur de l'industrie en Érythrée était inférieure à celle des États-Unis (1,5 billions de dollars), du Japon (1,2 billions de dollars), de l'Allemagne (534,0 milliards de dollars), de la Chine (285,9 milliards de dollars) et du Royaume-Uni (268,6 milliards de dollars). L'industrie par habitant en Érythrée était inférieure à celle du Japon (9 400,9 de dollars), de l'Allemagne (6 621,6 de dollars), des États-Unis (5 704,4 de dollars), du Royaume-Uni (4 639,8 de dollars) et de la Chine (231,9 de dollars). La croissance de l'industrie en Érythrée était supérieure à celle des États-Unis (2,8%), du Japon (1,3%), du Royaume-Uni (1,2%) et de l'Allemagne (0,33%); mais inférieure à celle de la Chine (13,1%).

Les années 2000

La valeur ajoutée de l'industrie en Érythrée était de 84,3 millions de dollars par an dans les années 2000, se classant au 180ème rang mondial. La part dans le monde était de 0,0008% et de 0,026% en Afrique.

La part de l'industrie dans l'économie de l'Érythrée était de 9,5% dans les années 2000, au 175ème rang mondial.

L'industrie par habitant en Érythrée était de 30.8 dollars dans les années 2000, au 203ème rang mondial, à égalité avec les Tuvalu (30,1 de dollars). L'industrie par habitant en Érythrée était 51,1 fois inférieure l'industrie par habitant au Monde (1 573,8 US$), et 11,4 fois inférieure l'industrie par habitant en Afrique (352,5 US$).

La croissance de l'industrie en Érythrée était de -4.3% dans les années 2000, au 205ème rang mondial. La croissance de l'industrie en Érythrée (-4,3%) a été inférieure à celle du monde (2,9%), et inférieure à celle de l'Afrique (3,1%).

Comparaison avec les voisins. L'industrie de l'Érythrée était supérieure à celle de Djibouti (53,5 millions de dollars); mais inférieure à celle du Soudan (7,1 milliards de dollars) et de l'Éthiopie (964,9 millions de dollars). L'industrie par habitant en Érythrée était supérieure à celle de l'Éthiopie (12,8 de dollars); mais inférieure à celle du Soudan (185,3 de dollars) et de Djibouti (69,0 de dollars).

La croissance de l'industrie en Érythrée était inférieure à celle du Soudan (16,5%), de l'Éthiopie (6,9%) et de Djibouti (4,7%).

Comparaison avec les leaders. La valeur de l'industrie en Érythrée était inférieure à celle des États-Unis (2,1 billions de dollars), du Japon (1,1 billions de dollars), de la Chine (1,1 billions de dollars), de l'Allemagne (629,4 milliards de dollars) et du Royaume-Uni (345,1 milliards de dollars). L'industrie par habitant en Érythrée était inférieure à celle du Japon (8 848,8 de dollars), de l'Allemagne (7 732,1 de dollars), des États-Unis (7 144,5 de dollars), du Royaume-Uni (5 710,8 de dollars) et de la Chine (795,3 dollars). La croissance de l'industrie en Érythrée était inférieure à celle de la Chine (11,1%), des États-Unis (1,5%), de l'Allemagne (0,19%), du Japon (0,15%) et du Royaume-Uni (-1,1%).

Les années 2010

L'industrie de l'Érythrée était de 319,7 millions de dollars par an dans les années 2010, au 171ème rang mondial à égalité avec le Burundi (327,6 millions de dollars). La part dans le monde était de 0,0019% et de 0,056% en Afrique.

La part de l'industrie dans l'économie de l'Érythrée était de 15,6% dans les années 2010, se classant au 137ème rang mondial, à égalité avec l'Amérique septentrionale (15,6%), la Palestine (15,5%).

L'industrie par habitant en Érythrée était de 96 dollars dans les années 2010, se situant au 193ème rang mondial, à égalité avec les Kiribati (96,1 de dollars), la République centrafricaine (96,1 de dollars), le Mozambique (97,1 de dollars). L'industrie par habitant en Érythrée était 24,2 fois inférieure l'industrie par habitant au Monde (2 320,9 US$), et 5,1 fois inférieure l'industrie par habitant en Afrique (489,1 US$).

La croissance de l'industrie en Érythrée était de 12.8% dans les années 2010, se situant au 3ème rang mondial, à égalité avec Djibouti (12,8%). La croissance de l'industrie en Érythrée (12,8%) a été supérieure à celle du monde (3,5%), et supérieure à celle de l'Afrique (0,035%).

Comparaison avec les voisins. La valeur de l'industrie en Érythrée était 2,1 fois supérieure à celle de Djibouti (154,9 millions de dollars); mais 33,6 fois inférieure à celle du Soudan (10,7 milliards de dollars) et 11,4 fois inférieure à celle de l'Éthiopie (3,7 milliards de dollars). L'industrie par habitant en Érythrée était 2,6 fois supérieure à celle de l'Éthiopie (36,6 de dollars); mais 2,9 fois inférieure à celle du Soudan (278,7 de dollars) et 43,8% inférieure à celle de Djibouti (170,8 de dollars). La croissance de l'industrie en Érythrée était supérieure à celle de Djibouti (12,8%) et du Soudan (-1,5%); mais inférieure à celle de l'Éthiopie (13,4%).

Comparaison avec les leaders. L'industrie de l'Érythrée était 11 520,7 fois inférieure à celle de la Chine (3,7 billions de dollars), 8 575,6 fois inférieure à celle des États-Unis (2,7 billions de dollars), 3 723,5 fois inférieure à celle du Japon (1,2 billions de dollars), 2 627,4 fois inférieure à celle de l'Allemagne (840,0 milliards de dollars) et 1 386,8 fois inférieure à celle de l'Inde (443,4 milliards de dollars). L'industrie par habitant en Érythrée était 106,9 fois inférieure à celle de l'Allemagne (10 261,3 de dollars), 97,0 fois inférieure à celle du Japon (9 305,3 de dollars), 89,4 fois inférieure à celle des États-Unis (8 581,2 de dollars), 27,4 fois inférieure à celle de la Chine (2 626,2 de dollars) et 3,5 fois inférieure à celle de l'Inde (340,6 de dollars). La croissance de l'industrie en Érythrée était supérieure à celle de la Chine (7,5%), de l'Inde (6,5%), de l'Allemagne (3,2%), du Japon (2,6%) et des États-Unis (2,2%).

Chapitre 5.1. Fabrication

(ISIC D)

La fabrication de l'Érythrée est passé de 49,9 millions de dollars par an dans les années 1990 à 123,7 millions de dollars par an dans les années 2010, c'est-à-dire 73,7 millions de dollars ou de 2,5 fois. La variation a été de 62,2 millions de dollars en raison de l'augmentation de 2,0 fois des prix, et de -13,2 millions de dollars en raison de la baisse de productivité de 1,2 fois, et de 24,7 millions de dollars en raison de la croissance démographique. La croissance annuelle moyenne de la fabrication était de 3,3%. La valeur minimale était de 25,0 millions de dollars en 1990. La valeur maximale était de 155,7 millions de dollars en 2014.

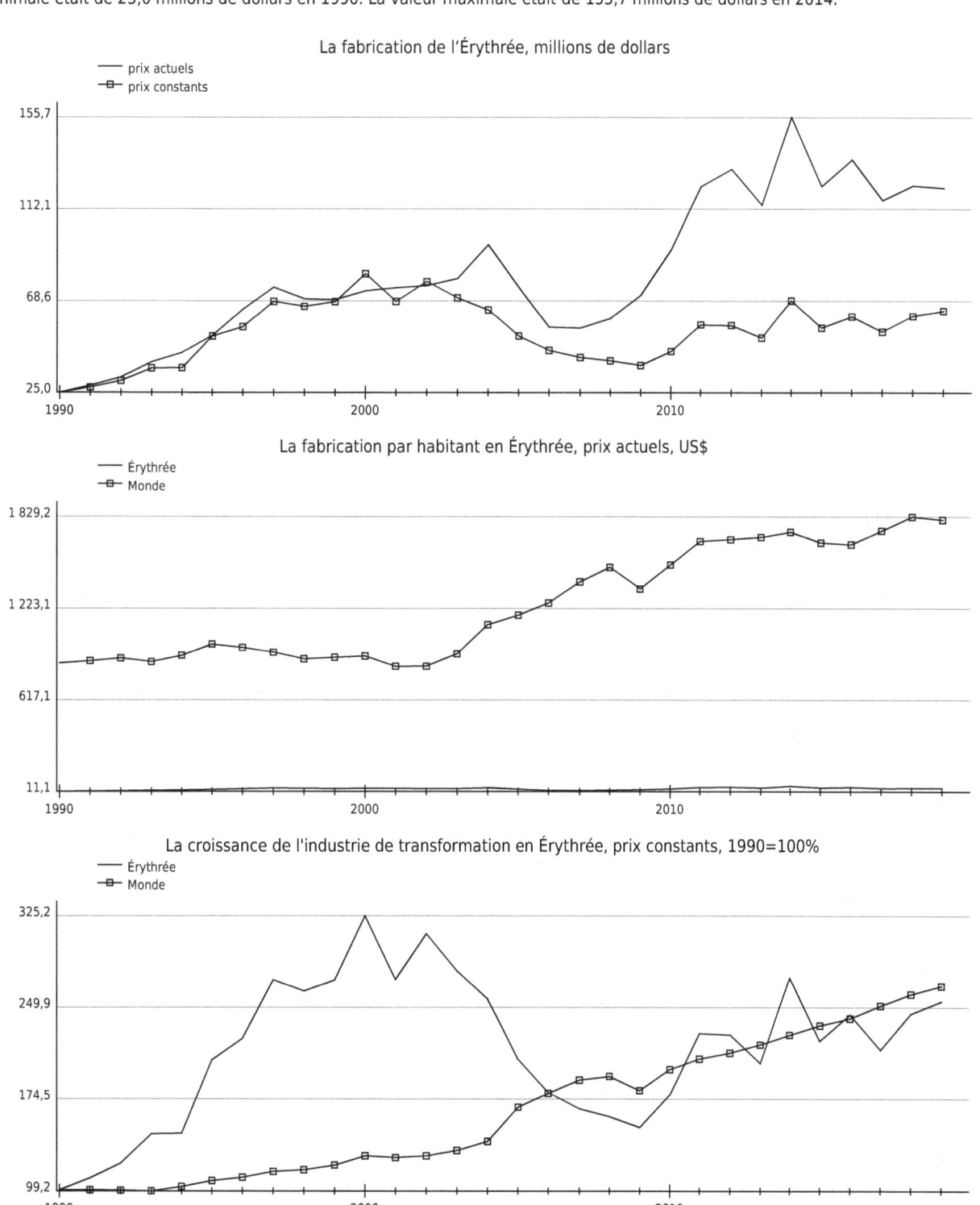

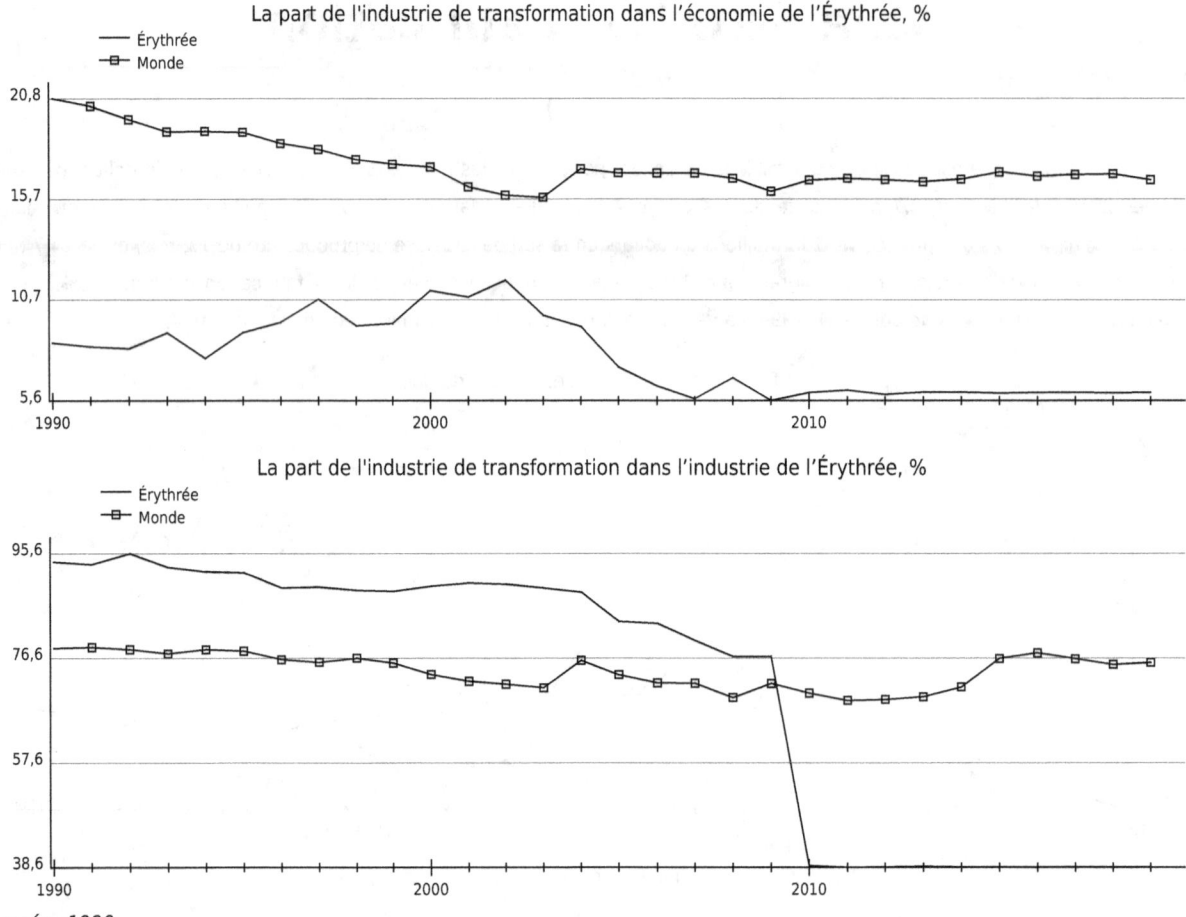

Les années 1990

La valeur ajoutée de la fabrication en Érythrée était de 49,9 millions de dollars par an dans les années 1990, au 172ème rang mondial à égalité avec le Cap-Vert (51,0 millions de dollars). La part dans le monde était de 0,0010% et de 0,057% en Afrique.

La part de l'industrie de transformation dans l'économie de l'Érythrée était de 9,2% dans les années 1990, au 142ème rang mondial.

La fabrication par habitant en Érythrée était de 22.4 dollars dans les années 1990, se classant au 189ème rang mondial, à égalité avec le Niger (22,2 de dollars), Madagascar (22,1 de dollars), le Laos (22,0 de dollars). La fabrication par habitant en Érythrée était 40,5 fois inférieure la fabrication par habitant au Monde (908,4 US$), et 5,6 fois inférieure la fabrication par habitant en Afrique (124,8 US$).

La croissance de la fabrication en Érythrée était de 11.8% dans les années 1990, au 7ème rang mondial. La croissance de la fabrication en Érythrée (11,8%) a été supérieure à celle du monde (2,0%), et supérieure à celle de l'Afrique (0,55%).

Comparaison avec les voisins. Le secteur de la fabrication en Érythrée était supérieur à celui de Djibouti (13,1 millions de dollars); mais inférieur à celui du Soudan (604,8 millions de dollars) et de l'Éthiopie (387,3 millions de dollars). La fabrication par habitant en Érythrée était supérieure à celle du Soudan (20,9 de dollars), de Djibouti (20,6 de dollars) et de l'Éthiopie (6,9 de dollars). La croissance de l'industrie de transformation en Érythrée était supérieure à celle du Soudan (6,4%), de l'Éthiopie (2,0%) et de Djibouti (-2,8%).

Comparaison avec les leaders. La valeur de la fabrication en Érythrée était inférieure à celle des États-Unis (1,2 billions de dollars), du Japon (1,0 billions de dollars), de l'Allemagne (468,8 milliards de dollars), de l'Italie (227,8 milliards de dollars) et de la France (215,0 milliards de dollars). La fabrication par habitant en Érythrée était inférieure à celle du Japon (8 305,2 de dollars), de l'Allemagne (5 813,5 de dollars), des États-Unis (4 707,3 de dollars), de l'Italie (3 994,1 de dollars) et de la France (3 621,1 de dollars). La croissance de l'industrie de transformation en Érythrée était supérieure à celle des États-Unis (3,2%), de la France (2,4%), de l'Italie (1,2%), du Japon (1,1%) et de l'Allemagne (0,26%).

Les années 2000

La fabrication de l'Érythrée était de 71,7 millions de dollars par an dans les années 2000, au 176ème rang mondial à égalité avec la

Chapitre 5.1. Fabrication

Guinée-Bissau (72,8 millions de dollars). La part dans le monde était de 0,0010% et de 0,055% en Afrique.

La part de l'industrie de transformation dans l'économie de l'Érythrée était de 8,1% dans les années 2000, se classant au 147ème rang mondial, à égalité avec le Liban (8,1%).

La fabrication par habitant en Érythrée était de 26.2 dollars dans les années 2000, se classant au 199ème rang mondial. La fabrication par habitant en Érythrée était 43,5 fois inférieure la fabrication par habitant au Monde (1 138,1 US$), et 5,5 fois inférieure la fabrication par habitant en Afrique (144,8 US$).

La croissance de l'industrie de transformation en Érythrée était de -5.7% dans les années 2000, se situant au 204ème rang mondial. La croissance de l'industrie de transformation en Érythrée (-5,7%) a été inférieure à celle du monde (4,2%), et inférieure à celle de l'Afrique (3,5%).

Comparaison avec les voisins. La fabrication de l'Érythrée était supérieure à celle de Djibouti (17,8 millions de dollars); mais inférieure à celle du Soudan (2,8 milliards de dollars) et de l'Éthiopie (655,6 millions de dollars). La fabrication par habitant en Érythrée était supérieure à celle de Djibouti (22,9 de dollars) et de l'Éthiopie (8,7 de dollars); mais inférieure à celle du Soudan (73,2 de dollars). La croissance de l'industrie de transformation en Érythrée était inférieure à celle du Soudan (9,1%), de l'Éthiopie (7,0%) et de Djibouti (4,6%).

Comparaison avec les leaders. La fabrication de l'Érythrée était inférieure à celle des États-Unis (1,6 billions de dollars), de la Chine (1,1 billions de dollars), du Japon (992,9 milliards de dollars), de l'Allemagne (551,4 milliards de dollars) et de l'Italie (277,2 milliards de dollars). La fabrication par habitant en Érythrée était inférieure à celle du Japon (7 746,3 de dollars), de l'Allemagne (6 773,6 de dollars), des États-Unis (5 600,5 de dollars), de l'Italie (4 780,8 de dollars) et de la Chine (815,3 de dollars). La croissance de l'industrie de transformation en Érythrée était inférieure à celle des États-Unis (1,6%), du Japon (0,32%), de l'Allemagne (0,097%) et de l'Italie (-1,3%).

Les années 2010

Le secteur de l'industrie de transformation en Érythrée était de 123,7 millions de dollars par an dans les années 2010, se situant au 173ème rang mondial à égalité avec le Groenland (121,0 millions de dollars). La part dans le monde était de 0,0010% et de 0,051% en Afrique.

La part de la fabrication dans l'économie de l'Érythrée était de 6,0% dans les années 2010, se classant au 161ème rang mondial.

La fabrication par habitant en Érythrée était de 37.1 dollars dans les années 2010, se classant au 200ème rang mondial, à égalité avec le Malawi (37,4 de dollars), la Gambie (37,5 de dollars). La fabrication par habitant en Érythrée était 45,7 fois inférieure la fabrication par habitant au Monde (1 697,4 US$), et 5,6 fois inférieure la fabrication par habitant en Afrique (206,2 US$).

La croissance de la fabrication en Érythrée était de 5.3% dans les années 2010, se situant au 42ème rang mondial, à égalité avec Singapour (5,3%), la Pologne (5,4%), le Ghana (5,4%). La croissance de l'industrie de transformation en Érythrée (5,3%) a été supérieure à celle du monde (3,9%), et supérieure à celle de l'Afrique (3,6%).

Comparaison avec les voisins. Le secteur de la fabrication en Érythrée était 2,1 fois supérieur à celui de Djibouti (58,8 millions de dollars); mais 45,4 fois inférieur à celui du Soudan (5,6 milliards de dollars) et 23,4 fois inférieur à celui de l'Éthiopie (2,9 milliards de dollars). La fabrication par habitant en Érythrée était 27,6% supérieure à celle de l'Éthiopie (29,1 de dollars); mais 3,9 fois inférieure à celle du Soudan (145,8 de dollars) et 42,7% inférieure à celle de Djibouti (64,8 de dollars). La croissance de la fabrication en Érythrée était supérieure à celle du Soudan (3,8%); mais inférieure à celle de l'Éthiopie (14,9%) et de Djibouti (13,0%).

Comparaison avec les leaders. La valeur ajoutée de la fabrication en Érythrée était 25 189,1 fois inférieure à celle de la Chine (3,1 billions de dollars), 16 742,5 fois inférieure à celle des États-Unis (2,1 billions de dollars), 8 571,3 fois inférieure à celle du Japon (1,1 billions de dollars), 5 944,8 fois inférieure à celle de l'Allemagne (735,2 milliards de dollars) et 3 157,7 fois inférieure à celle de la Corée du Sud (390,5 milliards de dollars). La fabrication par habitant en Érythrée était 242,0 fois inférieure à celle de l'Allemagne (8 981,7 de dollars), 223,2 fois inférieure à celle du Japon (8 286,2 de dollars), 208,1 fois inférieure à celle de la Corée du Sud (7 723,3 de dollars), 174,6 fois inférieure à celle des États-Unis (6 481,0 de dollars) et 59,8 fois inférieure à celle de la Chine (2 221,3 de dollars). La croissance de la fabrication en Érythrée était supérieure à celle de la Corée du Sud (3,8%), de l'Allemagne (3,5%), du Japon (3,0%) et des États-Unis (1,9%); mais inférieure à celle de la Chine (7,5%).

Chapitre VI. Construction

(ISIC F)

La valeur de la construction en Érythrée est passé de 45,1 millions de dollars par an dans les années 1990 à 322,3 millions de dollars par an dans les années 2010, c'est-à-dire 277,1 millions de dollars ou de 7,1 fois. La variation a été de 161,9 millions de dollars en raison de l'augmentation de 2,0 fois des prix, et de 92,9 millions de dollars en raison de la croissance de productivité de 2,4 fois, et de 22,4 millions de dollars en raison de la croissance démographique. La croissance annuelle moyenne de la construction était de 8,9%. La valeur minimale était de 13,3 millions de dollars en 1992. La valeur maximale était de 407,0 millions de dollars en 2014.

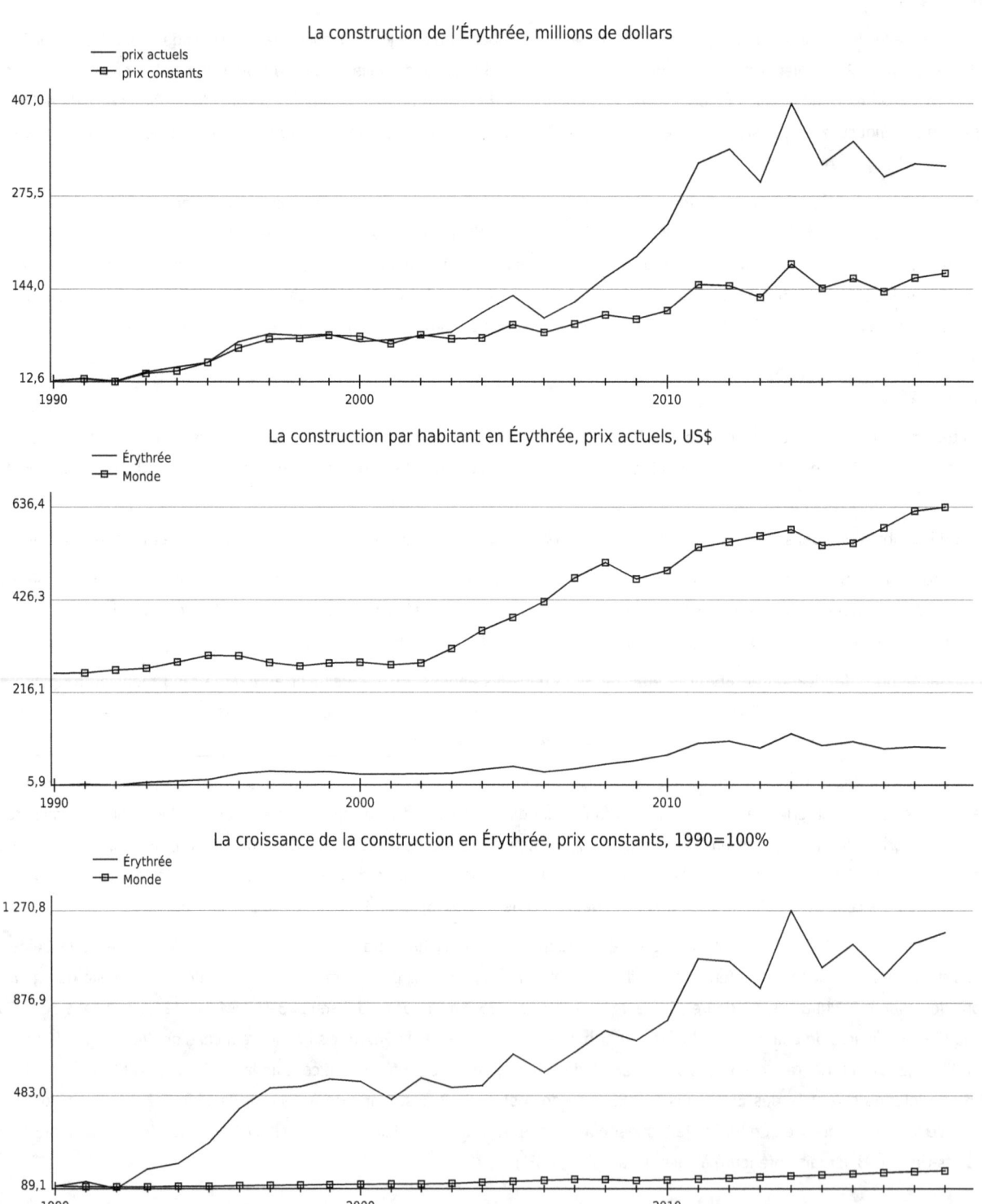

Chapitre VI. Construction

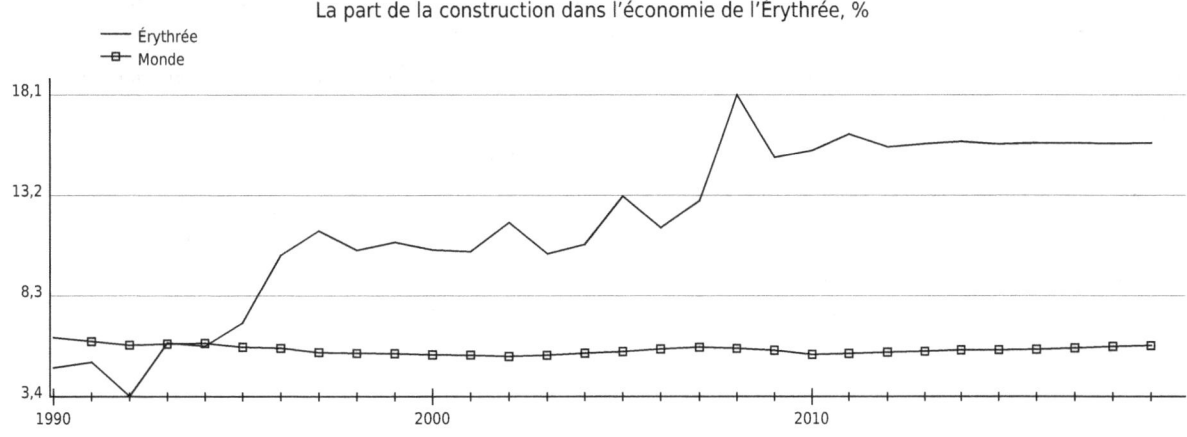

Les années 1990

La valeur ajoutée de la construction en Érythrée était de 45,1 millions de dollars par an dans les années 1990, se classant au 172ème rang mondial. La part dans le monde était de 0,0028% et de 0,18% en Afrique.

La part de la construction dans l'économie de l'Érythrée était de 8,3% dans les années 1990, se situant au 34ème rang mondial.

La construction par habitant en Érythrée était de 20.3 dollars dans les années 1990, se situant au 167ème rang mondial, à égalité avec le Bangladesh (20,2 de dollars), le Soudan (20,1 de dollars), l'Inde (19,8 de dollars). La construction par habitant en Érythrée était 13,8 fois inférieure la construction par habitant au Monde (278,6 US$), et 41,4% inférieure la construction par habitant en Afrique (34,6 US$).

La croissance de la construction en Érythrée était de 21% dans les années 1990, au 5ème rang mondial. La croissance de la construction en Érythrée (21,0%) a été supérieure à celle du monde (0,71%), et supérieure à celle de l'Afrique (2,8%).

Comparaison avec les voisins. Le secteur de la construction en Érythrée était supérieur à celui de Djibouti (29,5 millions de dollars); mais inférieur à celui du Soudan (580,7 millions de dollars) et de l'Éthiopie (245,3 millions de dollars). La construction par habitant en Érythrée était supérieure à celle du Soudan (20,1 de dollars) et de l'Éthiopie (4,4 de dollars); mais inférieure à celle de Djibouti (46,3 de dollars). La croissance de la construction en Érythrée était supérieure à celle du Soudan (9,5%), de l'Éthiopie (1,7%) et de Djibouti (-4,1%).

Comparaison avec les leaders. Le secteur de la construction en Érythrée était inférieur à celui du Japon (343,2 milliards de dollars), des États-Unis (299,1 milliards de dollars), de l'Allemagne (125,2 milliards de dollars), du Royaume-Uni (69,8 milliards de dollars) et de la France (68,8 milliards de dollars). La construction par habitant en Érythrée était inférieure à celle du Japon (2 721,7 de dollars), de l'Allemagne (1 552,3 de dollars), du Royaume-Uni (1 205,1 de dollars), de la France (1 158,8 de dollars) et des États-Unis (1 131,2 de dollars). La croissance de la construction en Érythrée était supérieure à celle des États-Unis (1,8%), de l'Allemagne (-0,047%), du Royaume-Uni (-0,34%), de la France (-0,65%) et du Japon (-1,0%).

Les années 2000

La valeur de la construction en Érythrée était de 112,6 millions de dollars par an dans les années 2000, au 165ème rang mondial à égalité avec le Monténégro (113,3 millions de dollars), le Kirghizistan (114,3 millions de dollars). La part dans le monde était de 0,0045% et de 0,23% en Afrique.

La part de la construction dans l'économie de l'Érythrée était de 12,7% dans les années 2000, se classant au 7ème rang mondial.

La construction par habitant en Érythrée était de 41.1 dollars dans les années 2000, au 170ème rang mondial, à égalité avec le Bénin (41,1 de dollars), la Tanzanie (41,4 de dollars), le Lesotho (41,8 de dollars). La construction par habitant en Érythrée était 9,3 fois inférieure la construction par habitant au Monde (381,3 US$), et 23,6% inférieure la construction par habitant en Afrique (53,8 US$).

La croissance de la construction en Érythrée était de 2.6% dans les années 2000, se classant au 136ème rang mondial, à égalité avec les Bahamas (2,6%), Saint-Vincent-et-les-Grenadines (2,6%). La croissance de la construction en Érythrée (2,6%) a été supérieure à celle du monde (1,5%), et inférieure à celle de l'Afrique (8,4%).

Comparaison avec les voisins. La valeur de la construction en Érythrée était supérieure à celle de Djibouti (57,9 millions de dollars);

mais inférieure à celle du Soudan (1,4 milliards de dollars) et de l'Éthiopie (674,1 millions de dollars). La construction par habitant en Érythrée était supérieure à celle du Soudan (37,4 de dollars) et de l'Éthiopie (8,9 de dollars); mais inférieure à celle de Djibouti (74,6 de dollars). La croissance de la construction en Érythrée était inférieure à celle de l'Éthiopie (11,1%), du Soudan (9,3%) et de Djibouti (8,6%).

Comparaison avec les leaders. La valeur de la construction en Érythrée était inférieure à celle des États-Unis (583,0 milliards de dollars), du Japon (270,5 milliards de dollars), de la Chine (150,1 milliards de dollars), du Royaume-Uni (132,1 milliards de dollars) et de l'Espagne (111,8 milliards de dollars). La construction par habitant en Érythrée était inférieure à celle de l'Espagne (2 560,2 de dollars), du Royaume-Uni (2 186,4 de dollars), du Japon (2 110,1 de dollars), des États-Unis (1 983,7 de dollars) et de la Chine (113,1 de dollars). La croissance de la construction en Érythrée était supérieure à celle de l'Espagne (1,7%), du Royaume-Uni (0,17%), des États-Unis (-2,6%) et du Japon (-3,9%); mais inférieure à celle de la Chine (11,9%).

Les années 2010

La valeur de la construction en Érythrée était de 322,3 millions de dollars par an dans les années 2010, se classant au 155ème rang mondial à égalité avec le Bhoutan (329,6 millions de dollars). La part dans le monde était de 0,0077% et de 0,25% en Afrique.

La part de la construction dans l'économie de l'Érythrée était de 15,7% dans les années 2010, au 5ème rang mondial.

La construction par habitant en Érythrée était de 96.7 dollars dans les années 2010, se classant au 165ème rang mondial, à égalité avec le Tadjikistan (97,1 de dollars), Sao Tomé-et-Principe (95,7 de dollars), le Nigeria (94,4 de dollars). La construction par habitant en Érythrée était 5,9 fois inférieure la construction par habitant au Monde (572,1 US$), et 11,6% inférieure la construction par habitant en Afrique (109,4 US$).

La croissance de la construction en Érythrée était de 5.1% dans les années 2010, se classant au 68ème rang mondial, à égalité avec l'Afrique du Nord (5,0%), le Groenland (5,1%), le Népal (5,1%). La croissance de la construction en Érythrée (5,1%) a été supérieure à celle du monde (2,9%), et inférieure à celle de l'Afrique (5,8%).

Comparaison avec les voisins. Le secteur de la construction en Érythrée était 3,1 fois supérieur à celui de Djibouti (104,1 millions de dollars); mais 23,1 fois inférieur à celui de l'Éthiopie (7,4 milliards de dollars) et 7,9 fois inférieur à celui du Soudan (2,5 milliards de dollars). La construction par habitant en Érythrée était 29,4% supérieure à celle de l'Éthiopie (74,8 de dollars) et 46,8% supérieure à celle du Soudan (65,9 de dollars); mais 15,8% inférieure à celle de Djibouti (114,8 de dollars). La croissance de la construction en Érythrée était supérieure à celle du Soudan (1,4%); mais inférieure à celle de l'Éthiopie (22,3%) et de Djibouti (8,8%).

Comparaison avec les leaders. La valeur ajoutée de la construction en Érythrée était 2 268,5 fois inférieure à celle de la Chine (731,1 milliards de dollars), 2 112,5 fois inférieure à celle des États-Unis (680,8 milliards de dollars), 864,7 fois inférieure à celle du Japon (278,7 milliards de dollars), 521,6 fois inférieure à celle de l'Inde (168,1 milliards de dollars) et 475,5 fois inférieure à celle de l'Allemagne (153,2 milliards de dollars). La construction par habitant en Érythrée était 22,5 fois inférieure à celle du Japon (2 178,3 de dollars), 22,0 fois inférieure à celle des États-Unis (2 130,9 de dollars), 19,4 fois inférieure à celle de l'Allemagne (1 871,9 de dollars), 5,4 fois inférieure à celle de la Chine (521,3 de dollars) et 25,1% inférieure à celle de l'Inde (129,1 de dollars). La croissance de la construction en Érythrée était supérieure à celle de l'Allemagne (1,8%), du Japon (1,7%) et des États-Unis (1,4%); mais inférieure à celle de la Chine (8,2%) et de l'Inde (5,2%).

Chapitre VII. Transport

Transport et stockage (ISIC I)

La valeur ajoutée du transport en Érythrée est passé de 66,3 millions de dollars par an dans les années 1990 à 251,5 millions de dollars par an dans les années 2010, c'est-à-dire 185,2 millions de dollars ou de 3,8 fois. La variation a été de 126,3 millions de dollars en raison de l'augmentation de 2,0 fois des prix, et de 26,0 millions de dollars en raison de la croissance de productivité de 1,3 fois, et de 32,8 millions de dollars en raison de la croissance démographique. La croissance annuelle moyenne du transport était de 4,5%. La valeur minimale était de 36,4 millions de dollars en 1990. La valeur maximale était de 316,5 millions de dollars en 2014.

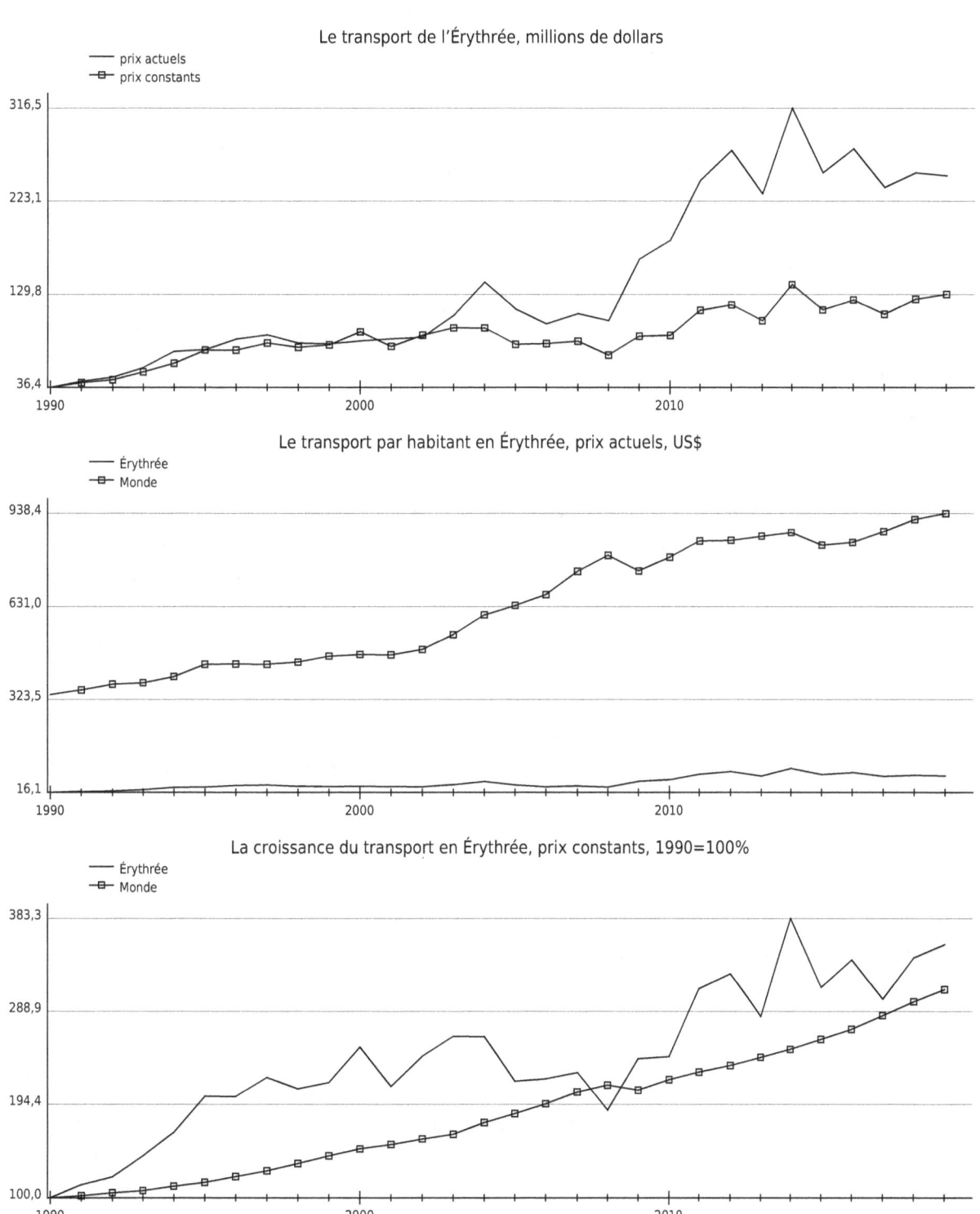

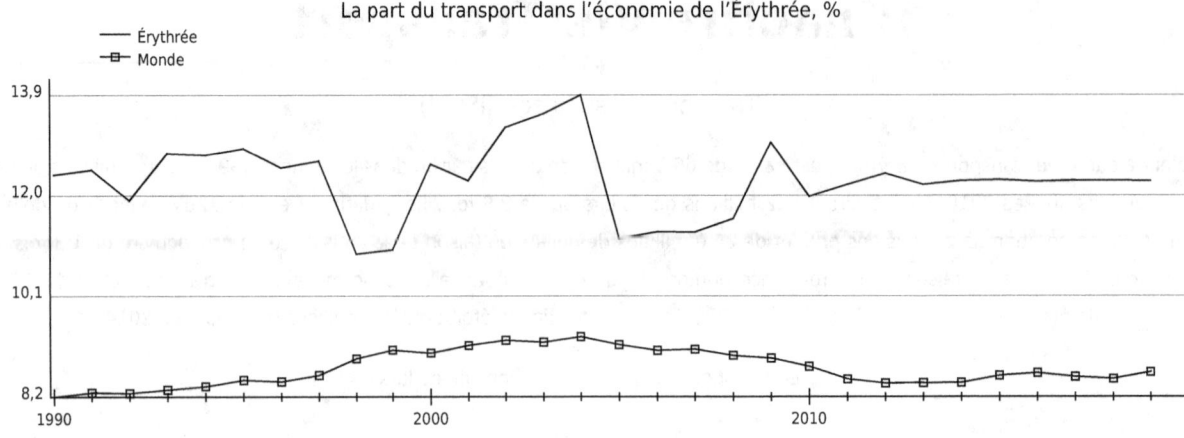

Les années 1990

La valeur du transport en Érythrée était de 66,3 millions de dollars par an dans les années 1990, se classant au 168ème rang mondial à égalité avec le Suriname (67,3 millions de dollars), l'Eswatini (64,9 millions de dollars). La part dans le monde était de 0,0028% et de 0,15% en Afrique.

La part du transport dans l'économie de l'Érythrée était de 12,2% dans les années 1990, se classant au 22ème rang mondial, à égalité avec Montserrat (12,2%), la république du Congo (12,3%), Sao Tomé-et-Principe (12,1%).

Le transport par habitant en Érythrée était de 29.8 dollars dans les années 1990, se classant au 173ème rang mondial. Le transport par habitant en Érythrée était 13,8 fois inférieur le transport par habitant au Monde (409,5 US$), et 2,1 fois inférieur le transport par habitant en Afrique (63,1 US$).

La croissance du transport en Érythrée était de 9% dans les années 1990, se situant au 26ème rang mondial, à égalité avec l'Uruguay (9,0%), l'Ouganda (9,0%). La croissance du transport en Érythrée (9,0%) a été supérieure à celle du monde (4,0%), et supérieure à celle de l'Afrique (3,3%).

Comparaison avec les voisins. Le secteur du transport en Érythrée était inférieur à celui du Soudan (1,4 milliards de dollars), de l'Éthiopie (283,2 millions de dollars) et de Djibouti (94,8 millions de dollars). Le transport par habitant en Érythrée était supérieur à celui de l'Éthiopie (5,0 de dollars); mais inférieur à celui de Djibouti (148,8 dollars) et du Soudan (49,8 de dollars). La croissance du transport en Érythrée était supérieure à celle du Soudan (6,1%), de Djibouti (3,7%) et de l'Éthiopie (1,8%).

Comparaison avec les leaders. Le secteur du transport en Érythrée était inférieur à celui des États-Unis (702,6 milliards de dollars), du Japon (373,9 milliards de dollars), de l'Allemagne (144,3 milliards de dollars), de la France (118,7 milliards de dollars) et du Royaume-Uni (117,6 milliards de dollars). Le transport par habitant en Érythrée était inférieur à celui du Japon (2 965,8 de dollars), des États-Unis (2 656,9 de dollars), du Royaume-Uni (2 031,3 de dollars), de la France (1 999,2 de dollars) et de l'Allemagne (1 789,0 de dollars). La croissance du transport en Érythrée était supérieure à celle des États-Unis (5,0%), de la France (4,8%), du Royaume-Uni (4,7%), de l'Allemagne (3,9%) et du Japon (3,0%).

Les années 2000

La valeur du transport en Érythrée était de 109,8 millions de dollars par an dans les années 2000, se classant au 176ème rang mondial à égalité avec les Seychelles (111,5 millions de dollars). La part dans le monde était de 0,0027% et de 0,12% en Afrique.

La part du transport dans l'économie de l'Érythrée était de 12,4% dans les années 2000, au 28ème rang mondial, à égalité avec d'Israël (12,4%), les Samoa (12,4%), la Bulgarie (12,3%).

Le transport par habitant en Érythrée était de 40.1 dollars dans les années 2000, au 180ème rang mondial, à égalité avec le Bénin (41,1 de dollars). Le transport par habitant en Érythrée était 15,5 fois inférieur le transport par habitant au Monde (621,1 US$), et 2,5 fois inférieur le transport par habitant en Afrique (99,3 US$).

La croissance du transport en Érythrée était de 1.1% dans les années 2000, se situant au 191ème rang mondial, à égalité avec les Bermudes (1,1%). La croissance du transport en Érythrée (1,1%) a été inférieure à celle du monde (3,9%), et inférieure à celle de l'Afrique (7,8%).

Chapitre VII. Transport

Comparaison avec les voisins. La valeur ajoutée du transport en Érythrée était inférieure à celle du Soudan (3,6 milliards de dollars), de l'Éthiopie (546,1 millions de dollars) et de Djibouti (174,8 millions de dollars). Le transport par habitant en Érythrée était supérieur à celui de l'Éthiopie (7,2 de dollars); mais inférieur à celui de Djibouti (225,3 de dollars) et du Soudan (95,2 de dollars). La croissance du transport en Érythrée était inférieure à celle de l'Éthiopie (10,2%), du Soudan (8,7%) et de Djibouti (2,8%).

Comparaison avec les leaders. La valeur du transport en Érythrée était inférieure à celle des États-Unis (1,2 billions de dollars), du Japon (468,5 milliards de dollars), de l'Allemagne (228,2 milliards de dollars), du Royaume-Uni (215,9 milliards de dollars) et de la France (185,6 milliards de dollars). Le transport par habitant en Érythrée était inférieur à celui des États-Unis (4 029,0 de dollars), du Japon (3 655,1 de dollars), du Royaume-Uni (3 572,9 de dollars), de la France (2 955,1 de dollars) et de l'Allemagne (2 803,7 de dollars). La croissance du transport en Érythrée était inférieure à celle de l'Allemagne (3,4%), du Royaume-Uni (3,1%), des États-Unis (3,1%), de la France (2,7%) et du Japon (1,5%).

Les années 2010

La valeur du transport en Érythrée était de 251,5 millions de dollars par an dans les années 2010, se situant au 167ème rang mondial à égalité avec le Guyana (250,4 millions de dollars). La part dans le monde était de 0,0040% et de 0,12% en Afrique.

La part du transport dans l'économie de l'Érythrée était de 12,3% dans les années 2010, se situant au 26ème rang mondial, à égalité avec la Tunisie (12,2%), le Groenland (12,3%), Chypre (12,4%).

Le transport par habitant en Érythrée était de 75.5 dollars dans les années 2010, se classant au 184ème rang mondial. Le transport par habitant en Érythrée était 11,5 fois inférieur le transport par habitant au Monde (864,8 US$), et 2,3 fois inférieur le transport par habitant en Afrique (173,7 US$).

La croissance du transport en Érythrée était de 4% dans les années 2010, se classant au 111ème rang mondial, à égalité avec Sierra Leone (4,0%), la Nouvelle-Zélande (4,0%), Chypre (4,0%). La croissance du transport en Érythrée (4,0%) a été inférieure à celle du monde (4,0%), et supérieure à celle de l'Afrique (3,8%).

Comparaison avec les voisins. La valeur ajoutée du transport en Érythrée était 28,5 fois inférieure à celle du Soudan (7,2 milliards de dollars), 9,4 fois inférieure à celle de l'Éthiopie (2,4 milliards de dollars) et 2,1 fois inférieure à celle de Djibouti (529,4 millions de dollars). Le transport par habitant en Érythrée était 3,2 fois supérieur à celui de l'Éthiopie (23,8 de dollars); mais 7,7 fois inférieur à celui de Djibouti (584,1 de dollars) et 2,5 fois inférieur à celui du Soudan (186,2 de dollars). La croissance du transport en Érythrée était supérieure à celle du Soudan (3,9%); mais inférieure à celle de l'Éthiopie (13,5%) et de Djibouti (8,6%).

Comparaison avec les leaders. La valeur ajoutée du transport en Érythrée était 7 112,3 fois inférieure à celle des États-Unis (1,8 billions de dollars), 2 107,1 fois inférieure à celle du Japon (529,8 milliards de dollars), 1 846,2 fois inférieure à celle de la Chine (464,2 milliards de dollars), 1 193,2 fois inférieure à celle de l'Allemagne (300,0 milliards de dollars) et 1 025,0 fois inférieure à celle du Royaume-Uni (257,7 milliards de dollars). Le transport par habitant en Érythrée était 74,2 fois inférieur à celui des États-Unis (5 597,8 de dollars), 54,9 fois inférieur à celui du Japon (4 141,7 de dollars), 52,1 fois inférieur à celui du Royaume-Uni (3 929,2 de dollars), 48,6 fois inférieur à celui de l'Allemagne (3 665,2 de dollars) et 4,4 fois inférieur à celui de la Chine (331,0 de dollars). La croissance du transport en Érythrée était supérieure à celle du Royaume-Uni (2,8%), de l'Allemagne (2,7%) et du Japon (0,81%); mais inférieure à celle de la Chine (7,5%) et des États-Unis (5,1%).

Chapitre VIII. Commerce

Commerce de gros et de détail; restaurants et hôtels (ISIC G-H)

Le secteur du commerce en Érythrée est passé de 122,0 millions de dollars par an dans les années 1990 à 232,7 millions de dollars par an dans les années 2010, c'est-à-dire 110,8 millions de dollars ou de 90,8%. La variation a été de 116,8 millions de dollars en raison de l'augmentation de 2,0 fois des prix, et de -66,5 millions de dollars en raison de la baisse de productivité de 1,6 fois, et de 60,4 millions de dollars en raison de la croissance démographique. La croissance annuelle moyenne du commerce était de 2,0%. La valeur minimale était de 67,5 millions de dollars en 1990. La valeur maximale était de 292,7 millions de dollars en 2014.

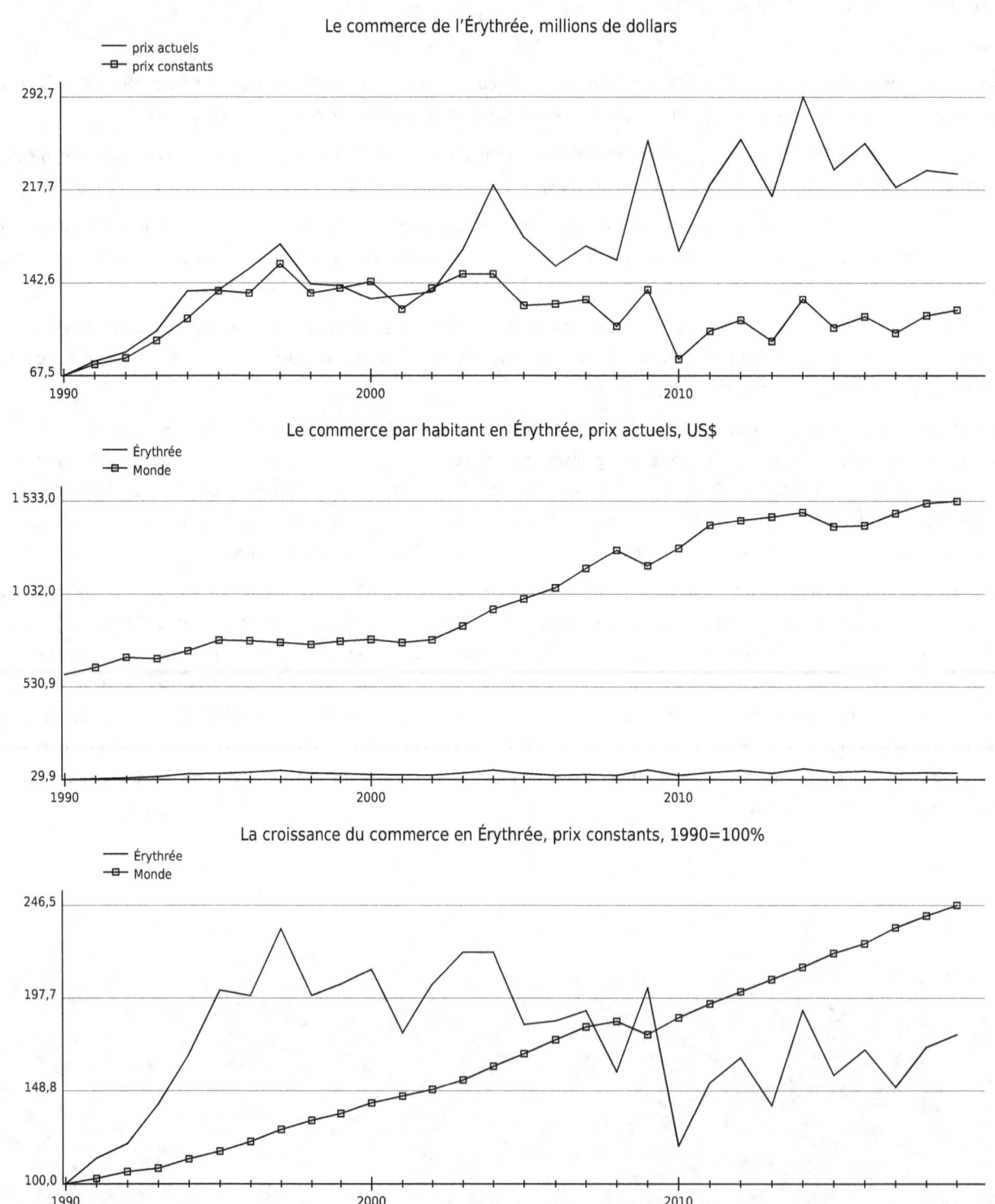

Chapitre VIII. Commerce

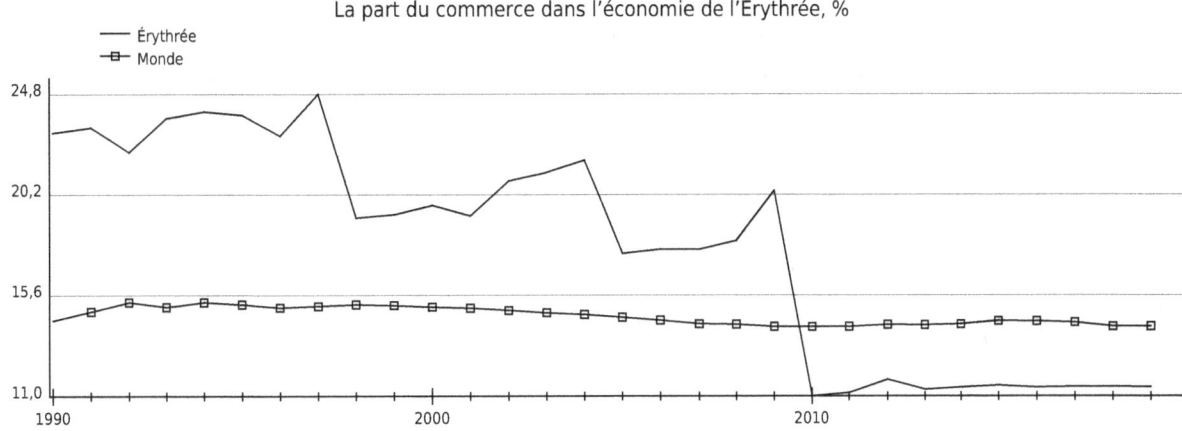

Les années 1990

Le secteur du commerce en Érythrée était de 122,0 millions de dollars par an dans les années 1990, se classant au 171ème rang mondial à égalité avec la Guinée-Bissau (121,4 millions de dollars). La part dans le monde était de 0,0030% et de 0,14% en Afrique.

La part du commerce dans l'économie de l'Érythrée était de 22,4% dans les années 1990, se situant au 25ème rang mondial, à égalité avec Malte (22,5%), Montserrat (22,2%).

Le commerce par habitant en Érythrée était de 54.7 dollars dans les années 1990, se classant au 172ème rang mondial, à égalité avec le Yémen (55,9 de dollars). Le commerce par habitant en Érythrée était 13,2 fois inférieur le commerce par habitant au Monde (721,8 US$), et 2,2 fois inférieur le commerce par habitant en Afrique (120,3 US$).

La croissance du commerce en Érythrée était de 8.3% dans les années 1990, se classant au 13ème rang mondial, à égalité avec les Maldives (8,2%). La croissance du commerce en Érythrée (8,3%) a été supérieure à celle du monde (3,5%), et supérieure à celle de l'Afrique (2,8%).

Comparaison avec les voisins. La valeur ajoutée du commerce en Érythrée était supérieure à celle de Djibouti (69,8 millions de dollars); mais inférieure à celle du Soudan (2,4 milliards de dollars) et de l'Éthiopie (1,1 milliards de dollars). Le commerce par habitant en Érythrée était supérieur à celui de l'Éthiopie (19,5 de dollars); mais inférieur à celui de Djibouti (109,5 de dollars) et du Soudan (82,5 dollars). La croissance du commerce en Érythrée était supérieure à celle du Soudan (7,0%), de l'Éthiopie (4,4%) et de Djibouti (0,73%).

Comparaison avec les leaders. Le commerce de l'Érythrée était inférieur à celui des États-Unis (1,2 billions de dollars), du Japon (713,2 milliards de dollars), de l'Allemagne (243,7 milliards de dollars), de l'Italie (185,6 milliards de dollars) et de la France (177,0 milliards de dollars). Le commerce par habitant en Érythrée était inférieur à celui du Japon (5 656,5 de dollars), des États-Unis (4 395,6 de dollars), de l'Italie (3 255,0 de dollars), de l'Allemagne (3 021,8 de dollars) et de la France (2 980,3 de dollars). La croissance du commerce en Érythrée était supérieure à celle des États-Unis (4,3%), du Japon (3,8%), de l'Allemagne (2,5%), de la France (2,4%) et de l'Italie (1,9%).

Les années 2000

Le secteur du commerce en Érythrée était de 171,4 millions de dollars par an dans les années 2000, se situant au 179ème rang mondial à égalité avec le Cap-Vert (170,0 millions de dollars), Saint-Martin (172,9 millions de dollars). La part dans le monde était de 0,0027% et de 0,12% en Afrique.

La part du commerce dans l'économie de l'Érythrée était de 19,4% dans les années 2000, se classant au 35ème rang mondial, à égalité avec le Kirghizistan (19,3%), le Tadjikistan (19,2%), Djibouti (19,2%).

Le commerce par habitant en Érythrée était de 62.6 dollars dans les années 2000, se classant au 190ème rang mondial, à égalité avec la Tanzanie (64,2 de dollars). Le commerce par habitant en Érythrée était 15,8 fois inférieur le commerce par habitant au Monde (990,3 US$), et 2,6 fois inférieur le commerce par habitant en Afrique (164,0 US$).

La croissance du commerce en Érythrée était de -0.1% dans les années 2000, se classant au 194ème rang mondial. La croissance du commerce en Érythrée (-0,10%) a été inférieure à celle du monde (2,7%), et inférieure à celle de l'Afrique (5,9%).

Comparaison avec les voisins. Le secteur du commerce en Érythrée était supérieur à celui de Djibouti (126,2 millions de dollars); mais inférieur à celui du Soudan (5,3 milliards de dollars) et de l'Éthiopie (2,2 milliards de dollars). Le commerce par habitant en Érythrée était supérieur à celui de l'Éthiopie (28,6 de dollars); mais inférieur à celui de Djibouti (162,7 de dollars) et du Soudan (138,3 de dollars). La croissance du commerce en Érythrée était inférieure à celle de l'Éthiopie (10,1%), de Djibouti (8,1%) et du Soudan (4,0%).

Comparaison avec les leaders. La valeur du commerce en Érythrée était inférieure à celle des États-Unis (1,9 billions de dollars), du Japon (771,8 milliards de dollars), de l'Allemagne (296,0 milliards de dollars), du Royaume-Uni (293,5 milliards de dollars) et de la Chine (262,0 milliards de dollars). Le commerce par habitant en Érythrée était inférieur à celui des États-Unis (6 383,1 de dollars), du Japon (6 021,3 de dollars), du Royaume-Uni (4 856,7 de dollars), de l'Allemagne (3 637,0 de dollars) et de la Chine (197,5 de dollars). La croissance du commerce en Érythrée était supérieure à celle du Japon (-0,77%); mais inférieure à celle de la Chine (11,9%), de l'Allemagne (1,7%), du Royaume-Uni (1,3%) et des États-Unis (1,1%).

Les années 2010

Le secteur du commerce en Érythrée était de 232,7 millions de dollars par an dans les années 2010, se situant au 186ème rang mondial à égalité avec les Îles Vierges britanniques (229,6 millions de dollars), les Salomon (237,4 millions de dollars). La part dans le monde était de 0,0022% et de 0,068% en Afrique.

La part du commerce dans l'économie de l'Érythrée était de 11,4% dans les années 2010, au 171ème rang mondial, à égalité avec l'Australie (11,4%), la Chine (11,4%), l'Allemagne (11,3%).

Le commerce par habitant en Érythrée était de 69.9 dollars dans les années 2010, au 201ème rang mondial, à égalité avec le Malawi (70,3 de dollars). Le commerce par habitant en Érythrée était 20,6 fois inférieur le commerce par habitant au Monde (1 436,8 US$), et 4,2 fois inférieur le commerce par habitant en Afrique (291,7 US$).

La croissance du commerce en Érythrée était de -1.3% dans les années 2010, au 197ème rang mondial. La croissance du commerce en Érythrée (-1,3%) a été inférieure à celle du monde (3,3%), et inférieure à celle de l'Afrique (3,4%).

Comparaison avec les voisins. Le commerce de l'Érythrée était 53,4 fois inférieur à celui du Soudan (12,4 milliards de dollars), 41,0 fois inférieur à celui de l'Éthiopie (9,6 milliards de dollars) et 2,8 fois inférieur à celui de Djibouti (643,3 millions de dollars). Le commerce par habitant en Érythrée était 10,2 fois inférieur à celui de Djibouti (709,7 de dollars), 4,6 fois inférieur à celui du Soudan (322,5 de dollars) et 27,1% inférieur à celui de l'Éthiopie (95,9 de dollars). La croissance du commerce en Érythrée était inférieure à celle de Djibouti (13,8%), de l'Éthiopie (11,7%) et du Soudan (2,7%).

Comparaison avec les leaders. Le secteur du commerce en Érythrée était 11 237,6 fois inférieur à celui des États-Unis (2,6 billions de dollars), 5 131,8 fois inférieur à celui de la Chine (1,2 billions de dollars), 3 736,0 fois inférieur à celui du Japon (869,5 milliards de dollars), 1 600,9 fois inférieur à celui de l'Allemagne (372,6 milliards de dollars) et 1 417,8 fois inférieur à celui du Royaume-Uni (330,0 milliards de dollars). Le commerce par habitant en Érythrée était 117,2 fois inférieur à celui des États-Unis (8 186,4 de dollars), 97,3 fois inférieur à celui du Japon (6 797,1 de dollars), 72,0 fois inférieur à celui du Royaume-Uni (5 030,4 de dollars), 65,2 fois inférieur à celui de l'Allemagne (4 551,8 de dollars) et 12,2 fois inférieur à celui de la Chine (851,7 de dollars). La croissance du commerce en Érythrée était inférieure à celle de la Chine (8,9%), du Royaume-Uni (2,8%), des États-Unis (2,3%), de l'Allemagne (2,0%) et du Japon (0,77%).

Chapitre IX. Services

(ISIC J-P)

La valeur ajoutée des services en Érythrée est passé de 132,7 millions de dollars par an dans les années 1990 à 567,5 millions de dollars par an dans les années 2010, c'est-à-dire 434,7 millions de dollars ou de 4,3 fois. La variation a été de 285,4 millions de dollars en raison de l'augmentation de 2,0 fois des prix, et de 83,6 millions de dollars en raison de la croissance de productivité de 1,4 fois, et de 65,8 millions de dollars en raison de la croissance démographique. La croissance annuelle moyenne des services était de 5,0%. La valeur minimale était de 71,7 millions de dollars en 1990. La valeur maximale était de 714,1 millions de dollars en 2014.

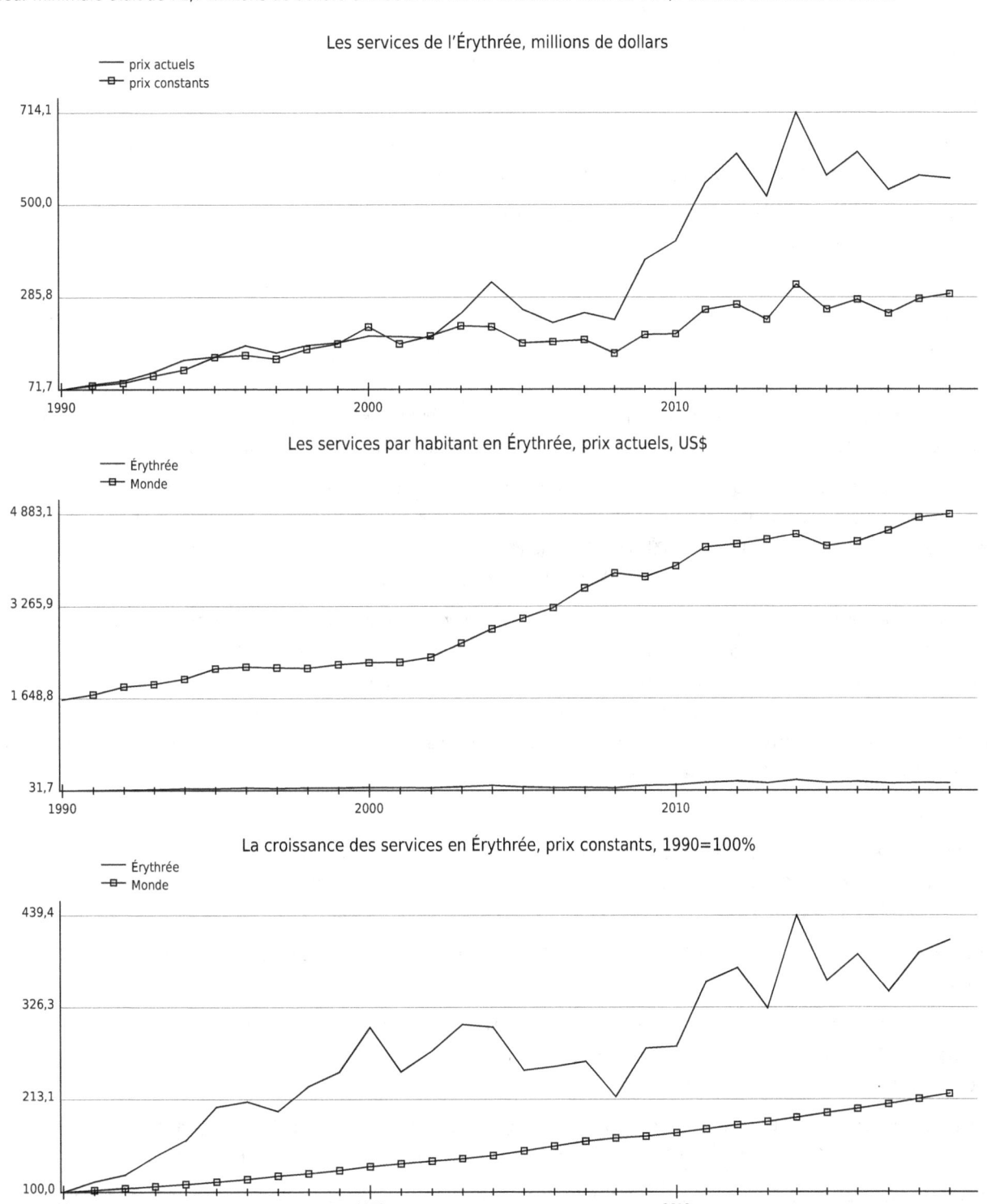

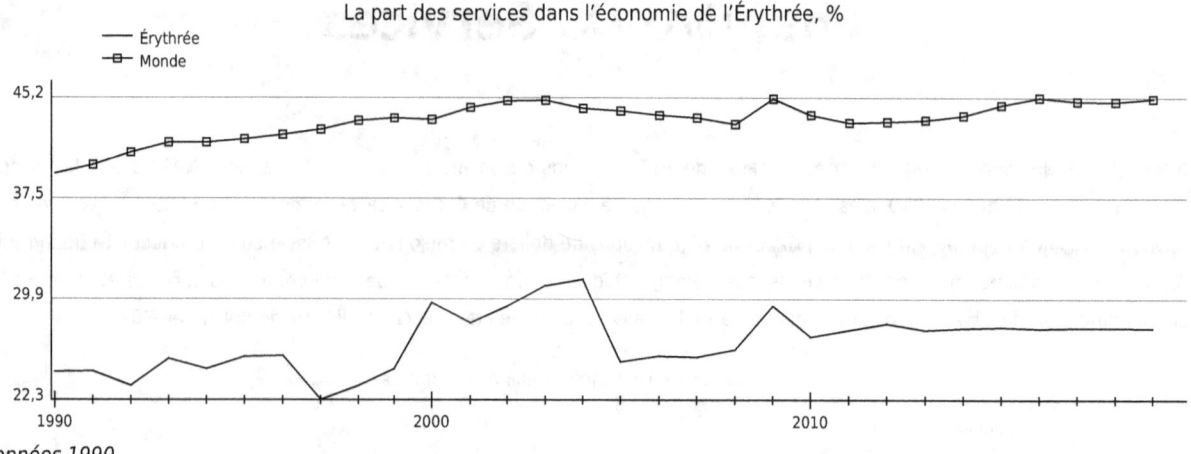

Les années 1990

La valeur des services en Érythrée était de 132,7 millions de dollars par an dans les années 1990, se situant au 184ème rang mondial à égalité avec le Cap-Vert (134,7 millions de dollars). La part dans le monde était de 0,0012% et de 0,086% en Afrique.

La part des services dans l'économie de l'Érythrée était de 24,3% dans les années 1990, se situant au 147ème rang mondial, à égalité avec le Sri Lanka (24,2%), l'Asie du Sud-Est (24,5%).

Les services par habitant en Érythrée étaient de 59.6 dollars dans les années 1990, au 194ème rang mondial, à égalité avec le Kirghizistan (60,1 de dollars), Sierra Leone (60,4 de dollars), la Tanzanie (61,0 de dollars). Les services par habitant en Érythrée étaient 33,8 fois inférieures les services par habitant au Monde (2 014,6 US$), et 3,7 fois inférieures les services par habitant en Afrique (217,8 US$).

La croissance des services en Érythrée était de 10.6% dans les années 1990, se situant au 4ème rang mondial. La croissance des services en Érythrée (10,6%) a été supérieure à celle du monde (2,7%), et supérieure à celle de l'Afrique (2,6%).

Comparaison avec les voisins. La valeur des services en Érythrée était inférieure à celle de l'Éthiopie (1,5 milliards de dollars), du Soudan (1,4 milliards de dollars) et de Djibouti (177,5 millions de dollars). Les services par habitant en Érythrée étaient supérieures à celles du Soudan (49,6 de dollars) et de l'Éthiopie (26,5 de dollars); mais inférieures à celles de Djibouti (278,7 de dollars). La croissance des services en Érythrée était supérieure à celle de l'Éthiopie (5,3%), du Soudan (3,2%) et de Djibouti (1,1%).

Comparaison avec les leaders. Les services de l'Érythrée étaient inférieures à celles des États-Unis (3,8 billions de dollars), du Japon (1,6 billions de dollars), de l'Allemagne (908,0 milliards de dollars), de la France (628,2 milliards de dollars) et du Royaume-Uni (592,3 milliards de dollars). Les services par habitant en Érythrée étaient inférieures à celles des États-Unis (14 354,4 de dollars), du Japon (12 820,4 de dollars), de l'Allemagne (11 259,5 de dollars), de la France (10 578,2 de dollars) et du Royaume-Uni (10 233,8 de dollars). La croissance des services en Érythrée était supérieure à celle de l'Allemagne (3,2%), du Royaume-Uni (3,0%), des États-Unis (2,3%), du Japon (1,7%) et de la France (1,6%).

Les années 2000

Le secteur des services en Érythrée était de 248,6 millions de dollars par an dans les années 2000, se classant au 185ème rang mondial à égalité avec Saint-Christophe-et-Niévès (250,1 millions de dollars). La part dans le monde était de 0,0013% et de 0,087% en Afrique.

La part des services dans l'économie de l'Érythrée était de 28,1% dans les années 2000, se situant au 136ème rang mondial, à égalité avec les Philippines (28,2%).

Les services par habitant en Érythrée étaient de 90.8 dollars dans les années 2000, se classant au 192ème rang mondial. Les services par habitant en Érythrée étaient 33,2 fois inférieures les services par habitant au Monde (3 011,2 US$), et 3,5 fois inférieures les services par habitant en Afrique (314,3 US$).

La croissance des services en Érythrée était de 1.1% dans les années 2000, se classant au 192ème rang mondial. La croissance des services en Érythrée (1,1%) a été inférieure à celle du monde (2,9%), et inférieure à celle de l'Afrique (5,1%).

Comparaison avec les voisins. La valeur des services en Érythrée était supérieure à celle de Djibouti (220,7 millions de dollars); mais

Chapitre IX. Services

inférieure à celle du Soudan (5,4 milliards de dollars) et de l'Éthiopie (2,8 milliards de dollars). Les services par habitant en Érythrée étaient supérieures à celles de l'Éthiopie (37,4 de dollars); mais inférieures à celles de Djibouti (284,5 de dollars) et du Soudan (141,8 de dollars). La croissance des services en Érythrée était inférieure à celle de l'Éthiopie (8,5%), du Soudan (6,9%) et de Djibouti (2,9%).

Comparaison avec les leaders. La valeur ajoutée des services en Érythrée était inférieure à celle des États-Unis (6,7 billions de dollars), du Japon (2,0 billions de dollars), de l'Allemagne (1,2 billions de dollars), du Royaume-Uni (1,1 billions de dollars) et de la France (997,0 milliards de dollars). Les services par habitant en Érythrée étaient inférieures à celles des États-Unis (22 883,5 de dollars), du Royaume-Uni (18 012,4 de dollars), de la France (15 875,1 de dollars), du Japon (15 302,2 de dollars) et de l'Allemagne (14 979,9 de dollars). La croissance des services en Érythrée était supérieure à celle de l'Allemagne (0,57%); mais inférieure à celle du Royaume-Uni (2,7%), des États-Unis (2,0%), de la France (1,5%) et du Japon (1,2%).

Les années 2010

La valeur ajoutée des services en Érythrée était de 567,5 millions de dollars par an dans les années 2010, se situant au 180ème rang mondial à égalité avec le Cap-Vert (560,6 millions de dollars). La part dans le monde était de 0,0017% et de 0,092% en Afrique.

La part des services dans l'économie de l'Érythrée était de 27,7% dans les années 2010, se situant au 155ème rang mondial, à égalité avec l'Afrique du Nord (27,7%), Madagascar (27,9%), les Émirats arabes unis (27,5%).

Les services par habitant en Érythrée étaient de 170.3 dollars dans les années 2010, au 192ème rang mondial. Les services par habitant en Érythrée étaient 26,2 fois inférieures les services par habitant au Monde (4 467,8 US$), et 3,1 fois inférieures les services par habitant en Afrique (528,2 US$).

La croissance des services en Érythrée était de 4% dans les années 2010, se classant au 82ème rang mondial, à égalité avec l'Égypte (4,0%), l'Asie de l'Ouest (4,0%). La croissance des services en Érythrée (4,0%) a été supérieure à celle du monde (2,7%), et supérieure à celle de l'Afrique (3,4%).

Comparaison avec les voisins. Le secteur des services en Érythrée était 30,9 fois inférieur à celui du Soudan (17,6 milliards de dollars), 18,6 fois inférieur à celui de l'Éthiopie (10,6 milliards de dollars) et 10,1% inférieur à celui de Djibouti (631,4 millions de dollars). Les services par habitant en Érythrée étaient 60,6% supérieures à celles de l'Éthiopie (106,1 de dollars); mais 4,1 fois inférieures à celles de Djibouti (696,6 de dollars) et 2,7 fois inférieures à celles du Soudan (455,7 de dollars). La croissance des services en Érythrée était inférieure à celle de l'Éthiopie (9,0%), de Djibouti (8,7%) et du Soudan (5,5%).

Comparaison avec les leaders. Le secteur des services en Érythrée était 17 543,2 fois inférieur à celui des États-Unis (10,0 billions de dollars), 6 250,7 fois inférieur à celui de la Chine (3,5 billions de dollars), 4 006,4 fois inférieur à celui du Japon (2,3 billions de dollars), 2 832,7 fois inférieur à celui de l'Allemagne (1,6 billions de dollars) et 2 388,7 fois inférieur à celui du Royaume-Uni (1,4 billions de dollars). Les services par habitant en Érythrée étaient 182,9 fois inférieures à celles des États-Unis (31 159,6 de dollars), 121,3 fois inférieures à celles du Royaume-Uni (20 663,8 de dollars), 115,3 fois inférieures à celles de l'Allemagne (19 637,7 de dollars), 104,3 fois inférieures à celles du Japon (17 771,8 de dollars) et 14,8 fois inférieures à celles de la Chine (2 529,2 de dollars). La croissance des services en Érythrée était supérieure à celle des États-Unis (1,8%), du Royaume-Uni (1,7%), de l'Allemagne (1,2%) et du Japon (0,99%); mais inférieure à celle de la Chine (8,4%).

Partie III. Relations extérieures

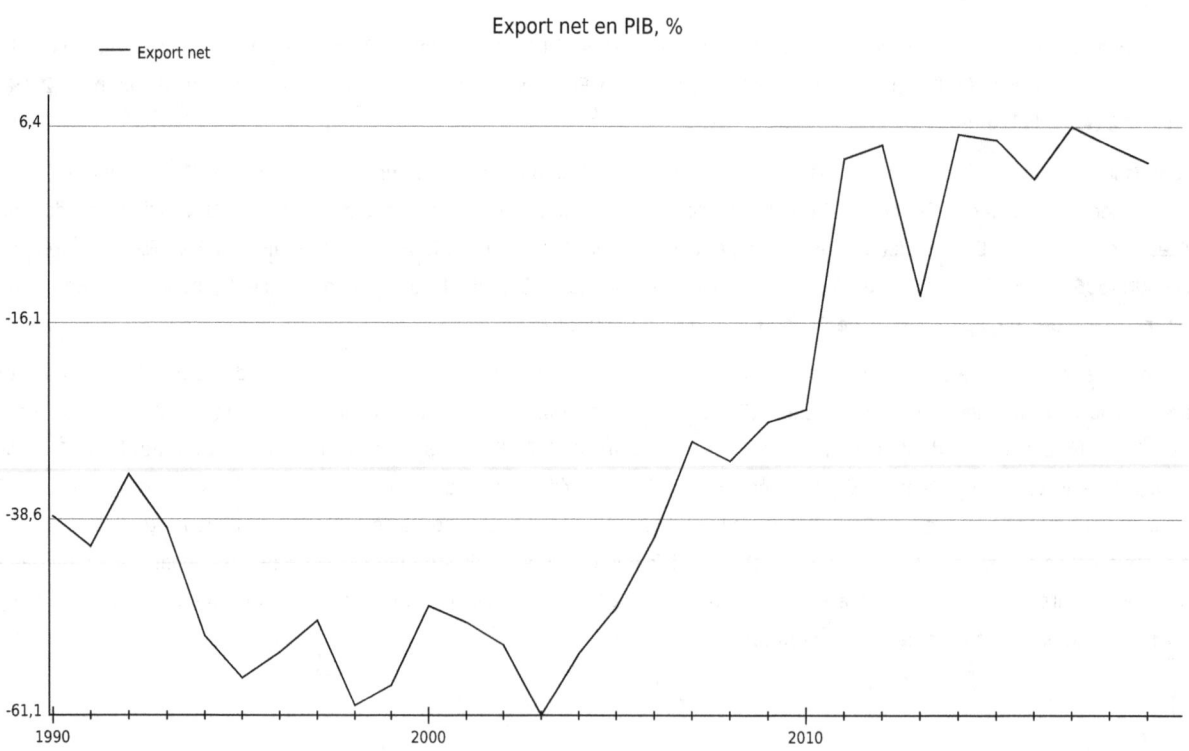

Chapitre X. Exportations

La valeur des exportations en Érythrée est passé de 124,4 millions de dollars par an dans les années 1990 à 540,5 millions de dollars par an dans les années 2010, c'est-à-dire 416,1 millions de dollars ou de 4,3 fois. La variation a été de 77,7 millions de dollars en raison de l'augmentation de 1,2 fois des prix, et de 276,7 millions de dollars en raison de la croissance du taux par habitant de 2,5 fois, et de 61,6 millions de dollars en raison de la croissance démographique. La croissance annuelle moyenne des exportations était de 6,4%. La valeur minimale était de 49,8 millions de dollars en 1992. La valeur maximale était de 798,2 millions de dollars en 2014.

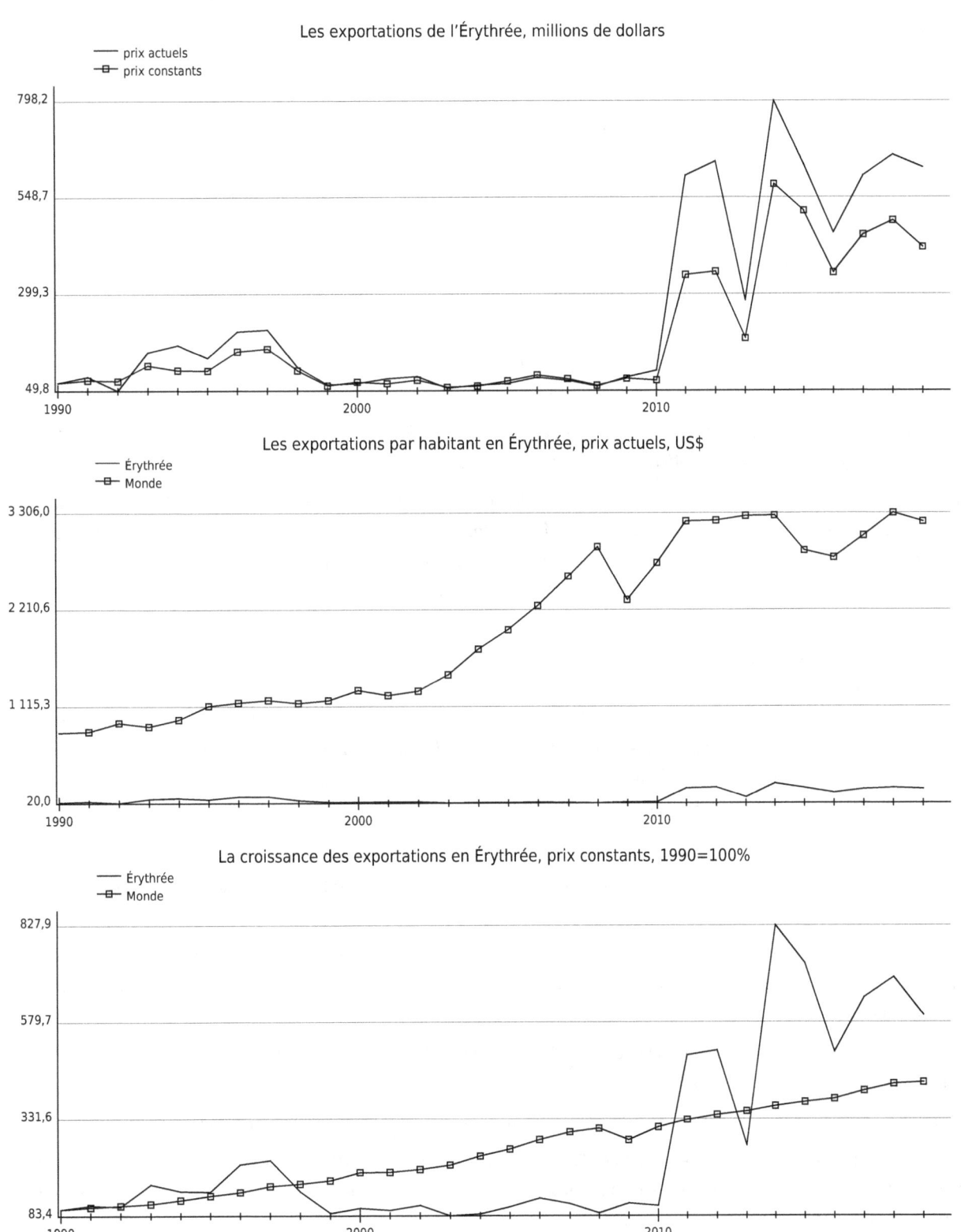

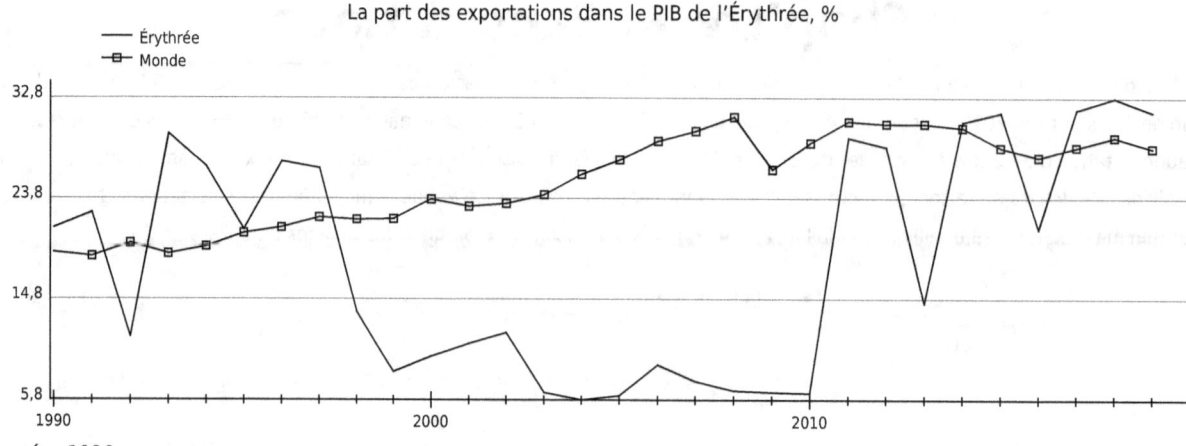

La part des exportations dans le PIB de l'Érythrée, %

Les années 1990

Les exportations de l'Érythrée étaient de 124,4 millions de dollars par an dans les années 1990, se situant au 185ème rang mondial à égalité avec la Grenade (124,6 millions de dollars). La part dans le monde était de 0,0021% et de 0,087% en Afrique.

La part des exportations dans le PIB de l'Érythrée était de 20,5% dans les années 1990, se situant au 154ème rang mondial, à égalité avec le Monde (20,5%), l'Océanie (20,4%), la Bolivie (20,6%).

Les exportations par habitant en Érythrée étaient de 55.8 dollars dans les années 1990, se classant au 184ème rang mondial. Les exportations par habitant en Érythrée étaient 18,4 fois inférieures les exportations par habitant au Monde (1 029,5 US$), et 3,6 fois inférieures les exportations par habitant en Afrique (202,1 US$).

La croissance des exportations en Érythrée était de -1.2% dans les années 1990, au 177ème rang mondial. La croissance des exportations en Érythrée (-1,2%) a été inférieure à celle du monde (6,9%), et inférieure à celle de l'Afrique (2,5%).

Comparaison avec les voisins. La valeur des exportations en Érythrée était inférieure à celle de l'Éthiopie (695,5 millions de dollars), du Soudan (549,6 millions de dollars) et de Djibouti (244,5 millions de dollars). Les exportations par habitant en Érythrée étaient supérieures à celles du Soudan (19,0 de dollars) et de l'Éthiopie (12,4 de dollars); mais inférieures à celles de Djibouti (383,9 de dollars). La croissance des exportations en Érythrée était inférieure à celle du Soudan (8,3%), de Djibouti (3,8%) et de l'Éthiopie (2,2%).

Comparaison avec les leaders. Les exportations de l'Érythrée étaient inférieures à celles des États-Unis (773,6 milliards de dollars), de l'Allemagne (509,0 milliards de dollars), du Japon (418,7 milliards de dollars), de la France (329,8 milliards de dollars) et du Royaume-Uni (324,3 milliards de dollars). Les exportations par habitant en Érythrée étaient inférieures à celles de l'Allemagne (6 311,2 de dollars), du Royaume-Uni (5 602,2 de dollars), de la France (5 553,9 de dollars), du Japon (3 320,8 de dollars) et des États-Unis (2 925,3 de dollars). La croissance des exportations en Érythrée était inférieure à celle des États-Unis (7,2%), de la France (6,5%), de l'Allemagne (6,0%), du Royaume-Uni (5,7%) et du Japon (4,2%).

Les années 2000

Les exportations de l'Érythrée étaient de 72,8 millions de dollars par an dans les années 2000, se classant au 199ème rang mondial. La part dans le monde était de 0,0006% et de 0,020% en Afrique.

La structure des exportations: produits primaires (29,4%), articles manufacturés provenant de ressources naturelles (30,4%), articles manufacturés à faible technologie (15,3%), articles manufacturés de technologie moyenne (9,1%), articles manufacturés à haute technologie (12,0%).

L'Érythrée a exporté des marchandises vers le Soudan (35,5%), l'Italie (9,3%), la Malaisie (6,3%), l'Allemagne (6,2%), l'Inde (5,6%) et d'autres pays (37,1%).

La part des exportations dans le PIB de l'Érythrée était de 7,7% dans les années 2000, se situant au 207ème rang mondial.

Les exportations par habitant en Érythrée étaient de 26.6 dollars dans les années 2000, au 207ème rang mondial. Les exportations par habitant en Érythrée étaient 72,7 fois inférieures les exportations par habitant au Monde (1 933,7 US$), et 15,0 fois inférieures les exportations par habitant en Afrique (398,4 US$).

Chapitre X. Exportations

La croissance des exportations en Érythrée était de 2.5% dans les années 2000, au 149ème rang mondial, à égalité avec l'Ukraine (2,5%), le Mexique (2,6%). La croissance des exportations en Érythrée (2,5%) a été inférieure à celle du monde (4,8%), et inférieure à celle de l'Afrique (5,3%).

Comparaison avec les voisins. Les exportations de l'Érythrée étaient inférieures à celles du Soudan (5,3 milliards de dollars), de l'Éthiopie (1,8 milliards de dollars) et de Djibouti (297,3 millions de dollars). Les exportations par habitant en Érythrée étaient supérieures à celles de l'Éthiopie (23,7 de dollars); mais inférieures à celles de Djibouti (383,2 de dollars) et du Soudan (138,1 de dollars). La croissance des exportations en Érythrée était inférieure à celle du Soudan (20,5%), de l'Éthiopie (13,0%) et de Djibouti (12,7%).

Comparaison avec les leaders. La valeur des exportations en Érythrée était inférieure à celle des États-Unis (1,3 billions de dollars), de l'Allemagne (1,0 billions de dollars), de la Chine (780,2 milliards de dollars), du Japon (626,3 milliards de dollars) et du Royaume-Uni (591,1 milliards de dollars). Les exportations par habitant en Érythrée étaient inférieures à celles de l'Allemagne (12 836,9 de dollars), du Royaume-Uni (9 780,7 de dollars), du Japon (4 886,4 de dollars), des États-Unis (4 488,4 de dollars) et de la Chine (588,1 de dollars). La croissance des exportations en Érythrée était inférieure à celle de la Chine (12,7%), de l'Allemagne (5,0%), du Japon (3,5%), des États-Unis (3,3%) et du Royaume-Uni (2,8%).

Les années 2010

La valeur des exportations en Érythrée était de 540,5 millions de dollars par an dans les années 2010, se classant au 187ème rang mondial. La part dans le monde était de 0,0024% et de 0,087% en Afrique.

La structure des exportations: produits primaires (15,9%), articles manufacturés provenant de ressources naturelles (39,1%), articles manufacturés à faible technologie (7,6%), articles manufacturés de technologie moyenne (1,2%), articles manufacturés à haute technologie (14,7%).

L'Érythrée a exporté des marchandises vers la Chine (27,9%), le Canada (17,0%), l'Inde (16,0%), la Suisse (7,1%), les Émirats arabes unis (6,2%) et d'autres pays (25,8%).

La part des exportations dans le PIB de l'Érythrée était de 26,3% dans les années 2010, au 148ème rang mondial, à égalité avec Micronésie (26,4%), le Burkina Faso (26,1%).

Les exportations par habitant en Érythrée étaient de 162.2 dollars dans les années 2010, se situant au 188ème rang mondial. Les exportations par habitant en Érythrée étaient 19,1 fois inférieures les exportations par habitant au Monde (3 098,9 US$), et 3,3 fois inférieures les exportations par habitant en Afrique (534,3 US$).

La croissance des exportations en Érythrée était de 17.9% dans les années 2010, se situant au 3ème rang mondial. La croissance des exportations en Érythrée (17,9%) a été supérieure à celle du monde (4,4%), et supérieure à celle de l'Afrique (-1,2%).

Comparaison avec les voisins. Les exportations de l'Érythrée étaient 10,7 fois inférieures à celles de l'Éthiopie (5,8 milliards de dollars), 9,8 fois inférieures à celles du Soudan (5,3 milliards de dollars) et 5,6 fois inférieures à celles de Djibouti (3,0 milliards de dollars). Les exportations par habitant en Érythrée étaient 18,2% supérieures à celles du Soudan (137,3 de dollars) et 2,8 fois supérieures à celles de l'Éthiopie (58,3 de dollars); mais 20,5 fois inférieures à celles de Djibouti (3 330,2 de dollars). La croissance des exportations en Érythrée était supérieure à celle de l'Éthiopie (2,2%) et du Soudan (-8,8%); mais inférieure à celle de Djibouti (21,3%).

Comparaison avec les leaders. Les exportations de l'Érythrée étaient 4 243,2 fois inférieures à celles de la Chine (2,3 billions de dollars), 4 199,4 fois inférieures à celles des États-Unis (2,3 billions de dollars), 3 114,4 fois inférieures à celles de l'Allemagne (1,7 billions de dollars), 1 590,1 fois inférieures à celles du Japon (859,4 milliards de dollars) et 1 508,1 fois inférieures à celles du Royaume-Uni (815,1 milliards de dollars). Les exportations par habitant en Érythrée étaient 126,8 fois inférieures à celles de l'Allemagne (20 563,4 de dollars), 76,6 fois inférieures à celles du Royaume-Uni (12 425,4 de dollars), 43,8 fois inférieures à celles des États-Unis (7 104,2 de dollars), 41,4 fois inférieures à celles du Japon (6 718,2 de dollars) et 10,1 fois inférieures à celles de la Chine (1 635,3 de dollars). La croissance des exportations en Érythrée était supérieure à celle de la Chine (6,8%), de l'Allemagne (4,7%), du Japon (4,6%), des États-Unis (3,7%) et du Royaume-Uni (3,1%).

Chapitre XI. Importations

La valeur des importations en Érythrée est passé de 430,9 millions de dollars par an dans les années 1990 à 541,9 millions de dollars par an dans les années 2010, c'est-à-dire 110,9 millions de dollars ou de 25,7%. La variation a été de 117,7 millions de dollars en raison de l'augmentation de 1,3 fois des prix, et de -220,3 millions de dollars en raison de la baisse du taux par habitant de 1,5 fois, et de 213,5 millions de dollars en raison de la croissance démographique. La croissance annuelle moyenne des importations était de 2,4%. La valeur minimale était de 196,1 millions de dollars en 1992. La valeur maximale était de 663,2 millions de dollars en 2004.

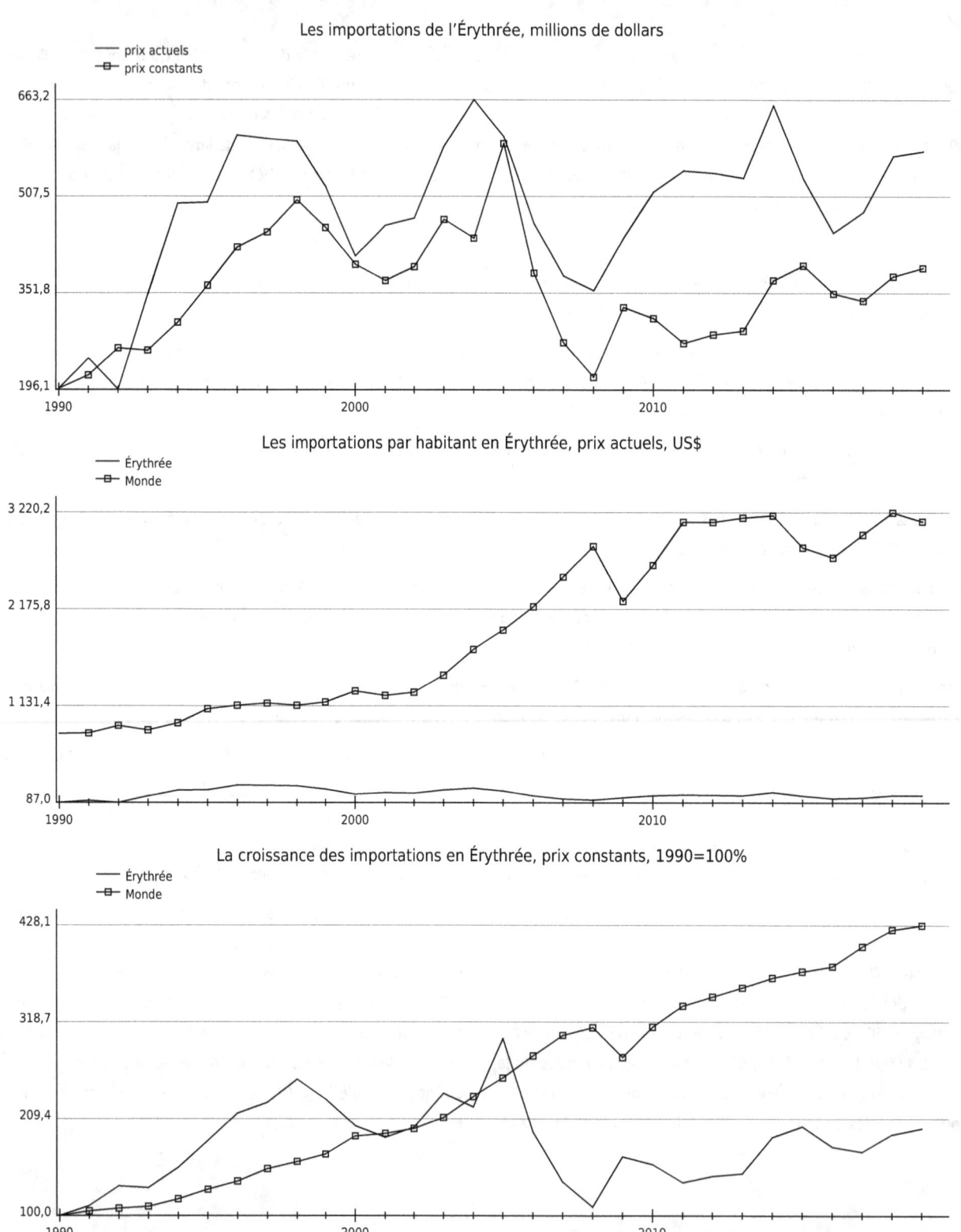

Chapitre XI. Importations

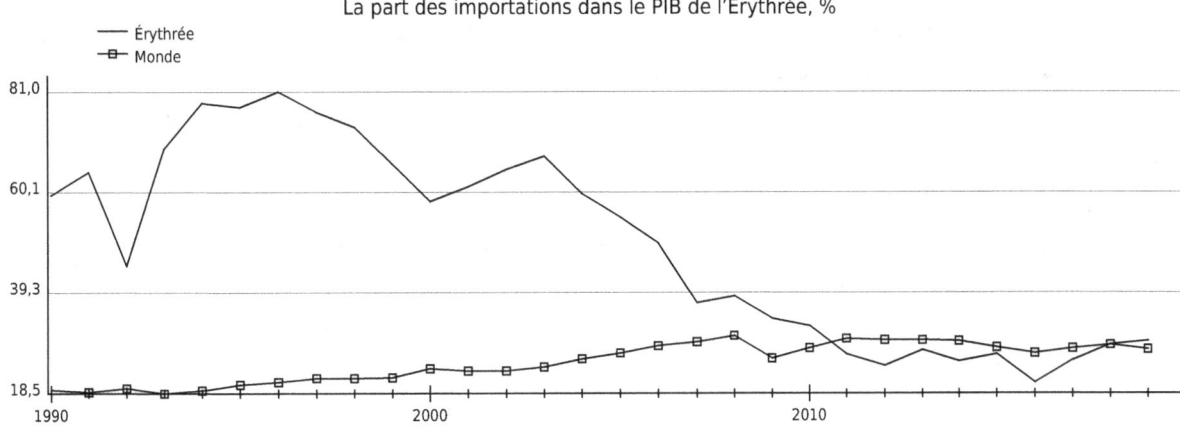

Les années 1990

Les importations de l'Érythrée étaient de 430,9 millions de dollars par an dans les années 1990, se situant au 171ème rang mondial à égalité avec d'Antigua-et-Barbuda (430,9 millions de dollars), les Seychelles (429,5 millions de dollars), Sainte-Lucie (428,3 millions de dollars). La part dans le monde était de 0,0074% et de 0,29% en Afrique.

La part des importations dans le PIB de l'Érythrée était de 71,1% dans les années 1990, se situant au 27ème rang mondial, à égalité avec les Kiribati (70,6%), la Jordanie (71,8%).

Les importations par habitant en Érythrée étaient de 193.4 dollars dans les années 1990, se situant au 166ème rang mondial, à égalité avec la Guinée-Bissau (192,3 de dollars), le Kirghizistan (191,9 de dollars), le Cameroun (191,8 de dollars). Les importations par habitant en Érythrée étaient 5,3 fois inférieures les importations par habitant au Monde (1 015,5 US$), et 8,5% inférieures les importations par habitant en Afrique (211,4 US$).

La croissance des importations en Érythrée était de 9.8% dans les années 1990, se classant au 33ème rang mondial, à égalité avec le Laos (9,7%), la Corée du Sud (9,8%). La croissance des importations en Érythrée (9,8%) a été supérieure à celle du monde (6,6%), et supérieure à celle de l'Afrique (3,8%).

Comparaison avec les voisins. La valeur des importations en Érythrée était supérieure à celle de Djibouti (355,0 millions de dollars); mais inférieure à celle du Soudan (1,5 milliards de dollars) et de l'Éthiopie (1,4 milliards de dollars). Les importations par habitant en Érythrée étaient supérieures à celles du Soudan (50,2 de dollars) et de l'Éthiopie (24,1 de dollars); mais inférieures à celles de Djibouti (557,4 de dollars). La croissance des importations en Érythrée était supérieure à celle de l'Éthiopie (0,84%) et de Djibouti (-0,50%); mais inférieure à celle du Soudan (11,4%).

Comparaison avec les leaders. La valeur des importations en Érythrée était inférieure à celle des États-Unis (874,1 milliards de dollars), de l'Allemagne (501,6 milliards de dollars), du Japon (355,9 milliards de dollars), du Royaume-Uni (330,2 milliards de dollars) et de la France (308,5 milliards de dollars). Les importations par habitant en Érythrée étaient inférieures à celles de l'Allemagne (6 220,3 de dollars), du Royaume-Uni (5 705,3 de dollars), de la France (5 194,4 de dollars), des États-Unis (3 305,6 de dollars) et du Japon (2 822,9 de dollars). La croissance des importations en Érythrée était supérieure à celle des États-Unis (8,3%), de l'Allemagne (6,4%), de la France (5,1%), du Royaume-Uni (5,1%) et du Japon (3,3%).

Les années 2000

Les importations de l'Érythrée étaient de 484,0 millions de dollars par an dans les années 2000, se classant au 182ème rang mondial à égalité avec Djibouti (472,4 millions de dollars). La part dans le monde était de 0,0039% et de 0,14% en Afrique.

La structure des importations: produits primaires (17,4%), articles manufacturés provenant de ressources naturelles (29,4%), articles manufacturés à faible technologie (13,7%), articles manufacturés de technologie moyenne (26,9%), articles manufacturés à haute technologie (9,3%).

L'Érythrée a importé des marchandises en provenance les Émirats arabes unis (22,1%), l'Italie (11,7%), l'Arabie saoudite (8,9%), les États-Unis (7,3%), la Chine (4,3%) et d'autres pays (45,6%).

La part des importations dans le PIB de l'Érythrée était de 51,3% dans les années 2000, se classant au 83ème rang mondial, à égalité avec le Suriname (50,9%).

Les importations par habitant en Érythrée étaient de 176.7 dollars dans les années 2000, se situant au 187ème rang mondial. Les importations par habitant en Érythrée étaient 10,8 fois inférieures les importations par habitant au Monde (1 899,9 US$), et 2,1 fois inférieures les importations par habitant en Afrique (369,3 US$).

La croissance des importations en Érythrée était de -3.2% dans les années 2000, au 208ème rang mondial. La croissance des importations en Érythrée (-3,2%) a été inférieure à celle du monde (5,1%), et inférieure à celle de l'Afrique (7,6%).

Comparaison avec les voisins. Les importations de l'Érythrée étaient supérieures à celles de Djibouti (472,4 millions de dollars); mais inférieures à celles du Soudan (7,0 milliards de dollars) et de l'Éthiopie (4,4 milliards de dollars). Les importations par habitant en Érythrée étaient supérieures à celles de l'Éthiopie (57,7 de dollars); mais inférieures à celles de Djibouti (609,0 de dollars) et du Soudan (184,3 de dollars). La croissance des importations en Érythrée était inférieure à celle de l'Éthiopie (16,9%), de Djibouti (15,6%) et du Soudan (15,4%).

Comparaison avec les leaders. La valeur des importations en Érythrée était inférieure à celle des États-Unis (1,9 billions de dollars), de l'Allemagne (914,7 milliards de dollars), du Royaume-Uni (641,8 milliards de dollars), de la Chine (641,1 milliards de dollars) et du Japon (566,4 milliards de dollars). Les importations par habitant en Érythrée étaient inférieures à celles de l'Allemagne (11 237,8 de dollars), du Royaume-Uni (10 620,4 de dollars), des États-Unis (6 400,9 de dollars), du Japon (4 418,9 de dollars) et de la Chine (483,3 de dollars). La croissance des importations en Érythrée était inférieure à celle de la Chine (15,1%), de l'Allemagne (3,7%), du Royaume-Uni (3,1%), des États-Unis (2,8%) et du Japon (1,8%).

Les années 2010

La valeur des importations en Érythrée était de 541,9 millions de dollars par an dans les années 2010, au 189ème rang mondial. La part dans le monde était de 0,0024% et de 0,078% en Afrique.

La structure des importations: produits primaires (17,5%), articles manufacturés provenant de ressources naturelles (30,8%), articles manufacturés à faible technologie (14,0%), articles manufacturés de technologie moyenne (28,5%), articles manufacturés à haute technologie (8,2%).

L'Érythrée a importé des marchandises en provenance les Émirats arabes unis (24,8%), la Chine (14,5%), l'Arabie saoudite (10,7%), l'Égypte (7,8%), l'Italie (4,9%) et d'autres pays (37,2%).

La part des importations dans le PIB de l'Érythrée était de 26,4% dans les années 2010, se classant au 187ème rang mondial, à égalité avec l'Équateur (26,5%), l'Éthiopie (26,6%).

Les importations par habitant en Érythrée étaient de 162.6 dollars dans les années 2010, se classant au 205ème rang mondial, à égalité avec le Malawi (162,8 de dollars). Les importations par habitant en Érythrée étaient 18,5 fois inférieures les importations par habitant au Monde (3 015,6 US$), et 3,6 fois inférieures les importations par habitant en Afrique (592,1 US$).

La croissance des importations en Érythrée était de 1.8% dans les années 2010, se classant au 169ème rang mondial. La croissance des importations en Érythrée (1,8%) a été inférieure à celle du monde (4,4%), et inférieure à celle de l'Afrique (2,0%).

Comparaison avec les voisins. La valeur des importations en Érythrée était 28,7 fois inférieure à celle de l'Éthiopie (15,5 milliards de dollars), 18,0 fois inférieure à celle du Soudan (9,7 milliards de dollars) et 6,7 fois inférieure à celle de Djibouti (3,7 milliards de dollars). Les importations par habitant en Érythrée étaient 4,3% supérieures à celles de l'Éthiopie (155,9 de dollars); mais 24,8 fois inférieures à celles de Djibouti (4 032,7 de dollars) et 35,7% inférieures à celles du Soudan (252,8 de dollars). La croissance des importations en Érythrée était supérieure à celle du Soudan (-9,3%); mais inférieure à celle de Djibouti (21,2%) et de l'Éthiopie (12,0%).

Comparaison avec les leaders. La valeur des importations en Érythrée était 5 199,2 fois inférieure à celle des États-Unis (2,8 billions de dollars), 3 818,5 fois inférieure à celle de la Chine (2,1 billions de dollars), 2 684,7 fois inférieure à celle de l'Allemagne (1,5 billions de dollars), 1 620,2 fois inférieure à celle du Japon (877,9 milliards de dollars) et 1 577,5 fois inférieure à celle du Royaume-Uni (854,8 milliards de dollars). Les importations par habitant en Érythrée étaient 109,3 fois inférieures à celles de l'Allemagne (17 771,2 de dollars), 80,1 fois inférieures à celles du Royaume-Uni (13 030,6 de dollars), 54,2 fois inférieures à celles des États-Unis (8 817,8 de dollars), 42,2 fois inférieures à celles du Japon (6 862,7 de dollars) et 9,1 fois inférieures à celles de la Chine (1 475,4 de dollars). La croissance des importations en Érythrée était inférieure à celle de la Chine (8,2%), de l'Allemagne (4,8%), des États-Unis (4,4%), du Japon (3,8%) et du Royaume-Uni (3,6%).

Partie IV. Consommation

Chapitre XII. Dépenses publiques

Dépenses de consommation des administrations publiques

Les dépenses publiques de l'Érythrée sont passés de 199,3 millions de dollars par an dans les années 1990 à 407,7 millions de dollars par an dans les années 2010, c'est-à-dire 208,5 millions de dollars ou de 2,0 fois. La variation a été de 213,9 millions de dollars en raison de l'augmentation de 2,1 fois des prix, et de -104,2 millions de dollars en raison de la baisse du taux par habitant de 1,5 fois, et de 98,7 millions de dollars en raison de la croissance démographique. La croissance annuelle moyenne des dépenses publiques était de 2,9%. La valeur minimale était de 85,9 millions de dollars en 1990. La valeur maximale était de 457,9 millions de dollars en 2018.

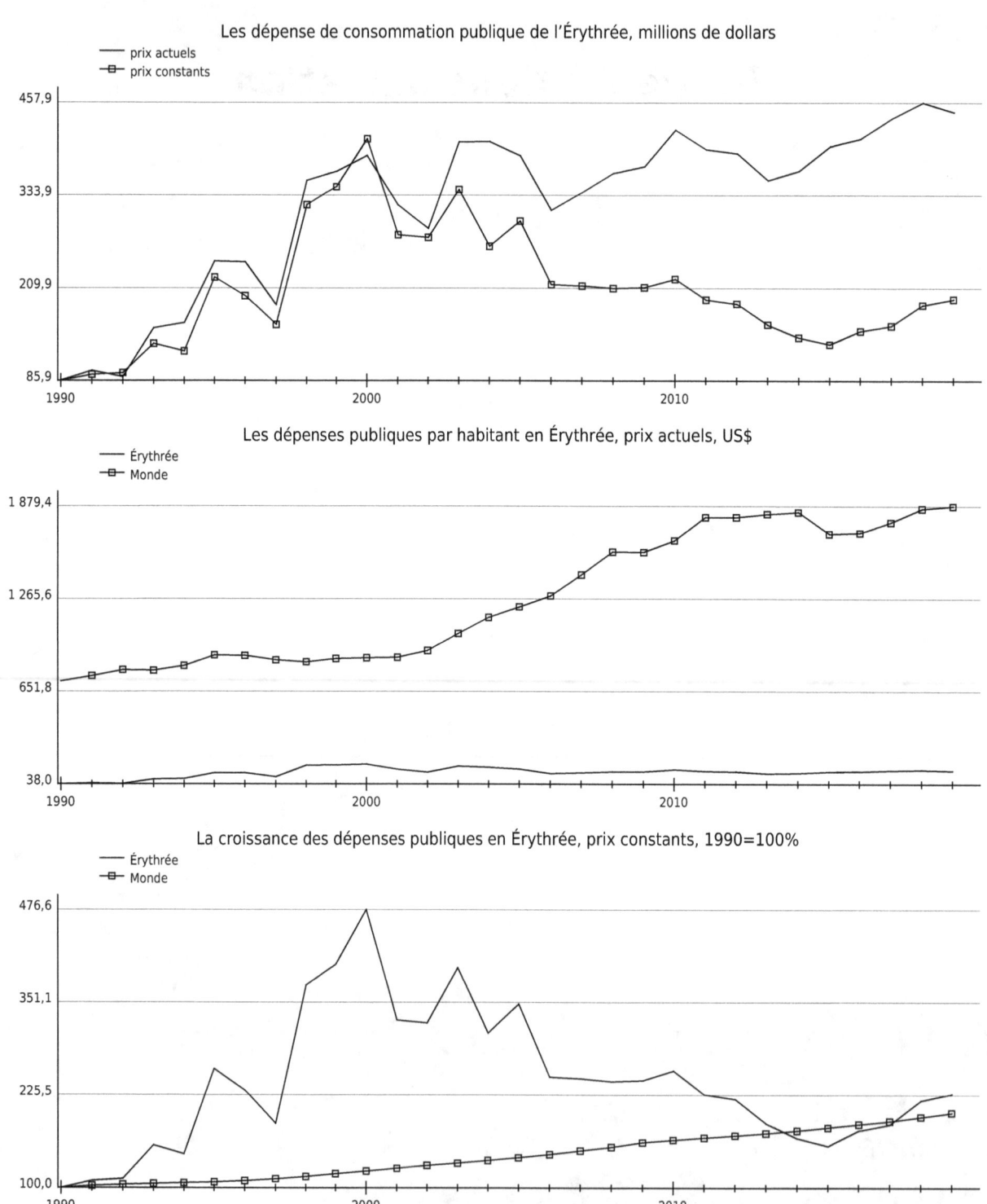

Chapitre XII. Dépenses publiques

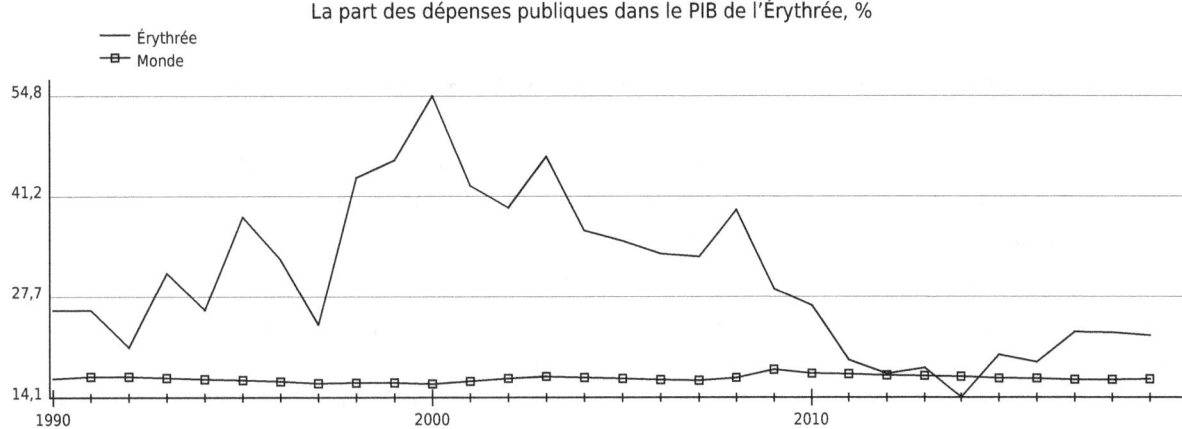

La part des dépenses publiques dans le PIB de l'Érythrée, %

Les années 1990

Les dépense de consommation publique de l'Érythrée étaient de 199,3 millions de dollars par an dans les années 1990, se classant au 164ème rang mondial à égalité avec l'Afghanistan (200,8 millions de dollars), le Cambodge (195,6 millions de dollars), le Monténégro (194,6 millions de dollars). La part dans le monde était de 0,0042% et de 0,22% en Afrique.

La part des dépenses publiques dans le PIB de l'Érythrée était de 32,9% dans les années 1990, au 13ème rang mondial, à égalité avec les Kiribati (32,8%).

Les dépense de consommation publique par habitant en Érythrée étaient de 89.5 dollars dans les années 1990, au 161ème rang mondial, à égalité avec l'Albanie (89,8 de dollars). Les dépenses publiques par habitant en Érythrée étaient 9,2 fois inférieures les dépense de consommation publique par habitant au Monde (824,8 US$), et 29,0% inférieures les dépense publique par habitant en Afrique (126,1 US$).

La croissance des dépenses publiques en Érythrée était de 16.7% dans les années 1990, se situant au 2ème rang mondial. La croissance des dépenses publiques en Érythrée (16,7%) a été supérieure à celle du monde (2,0%), et supérieure à celle de l'Afrique (1,6%).

Comparaison avec les voisins. Les dépense de consommation publique de l'Érythrée étaient supérieures à celles de Djibouti (169,2 millions de dollars); mais inférieures à celles de l'Éthiopie (945,7 millions de dollars) et du Soudan (664,7 millions de dollars). Les dépenses publiques par habitant en Érythrée étaient supérieures à celles du Soudan (23,0 de dollars) et de l'Éthiopie (16,8 de dollars); mais inférieures à celles de Djibouti (265,6 de dollars). La croissance des dépenses publiques en Érythrée était supérieure à celle de l'Éthiopie (2,6%), de Djibouti (-0,36%) et du Soudan (-5,0%).

Comparaison avec les leaders. Les dépenses publiques de l'Érythrée étaient inférieures à celles des États-Unis (1,1 billions de dollars), du Japon (651,8 milliards de dollars), de l'Allemagne (419,6 milliards de dollars), de la France (325,4 milliards de dollars) et du Royaume-Uni (234,6 milliards de dollars). Les dépense de consommation publique par habitant en Érythrée étaient inférieures à celles de la France (5 479,6 de dollars), de l'Allemagne (5 203,8 de dollars), du Japon (5 169,1 de dollars), des États-Unis (4 287,3 de dollars) et du Royaume-Uni (4 053,6 de dollars). La croissance des dépenses publiques en Érythrée était supérieure à celle du Japon (3,0%), de l'Allemagne (2,4%), du Royaume-Uni (2,1%), de la France (1,8%) et des États-Unis (1,3%).

Les années 2000

Les dépense publique de l'Érythrée étaient de 358,4 millions de dollars par an dans les années 2000, au 165ème rang mondial à égalité avec les Îles Caïmans (360,7 millions de dollars). La part dans le monde était de 0,0046% et de 0,24% en Afrique.

La part des dépenses publiques dans le PIB de l'Érythrée était de 38,0% dans les années 2000, se situant au 8ème rang mondial, à égalité avec les Seychelles (38,0%), les Kiribati (37,8%), Nauru (37,8%).

Les dépenses publiques par habitant en Érythrée étaient de 130.9 dollars dans les années 2000, au 160ème rang mondial, à égalité avec les Philippines (128,7 de dollars), la Côte d'Ivoire (128,0 de dollars). Les dépense de consommation publique par habitant en Érythrée étaient 9,2 fois inférieures les dépense publique par habitant au Monde (1 200,9 US$), et 20,6% inférieures les dépenses publiques par habitant en Afrique (164,8 US$).

La croissance des dépenses publiques en Érythrée était de -4.8% dans les années 2000, se situant au 207ème rang mondial. La croissance des dépenses publiques en Érythrée (-4,8%) a été inférieure à celle du monde (3,1%), et inférieure à celle de l'Afrique (5,0%).

Comparaison avec les voisins. Les dépense de consommation publique de l'Érythrée étaient supérieures à celles de Djibouti (180,6 millions de dollars); mais inférieures à celles du Soudan (2,8 milliards de dollars) et de l'Éthiopie (1,8 milliards de dollars). Les dépense publique par habitant en Érythrée étaient supérieures à celles du Soudan (73,9 de dollars) et de l'Éthiopie (23,4 de dollars); mais inférieures à celles de Djibouti (232,8 de dollars). La croissance des dépenses publiques en Érythrée était inférieure à celle de l'Éthiopie (3,5%), du Soudan (2,9%) et de Djibouti (0,56%).

Comparaison avec les leaders. Les dépenses publiques de l'Érythrée étaient inférieures à celles des États-Unis (1,9 billions de dollars), du Japon (844,2 milliards de dollars), de l'Allemagne (520,1 milliards de dollars), de la France (479,9 milliards de dollars) et du Royaume-Uni (453,4 milliards de dollars). Les dépenses publiques par habitant en Érythrée étaient inférieures à celles de la France (7 640,9 de dollars), du Royaume-Uni (7 501,5 de dollars), du Japon (6 586,4 de dollars), des États-Unis (6 545,9 de dollars) et de l'Allemagne (6 389,7 de dollars). La croissance des dépenses publiques en Érythrée était inférieure à celle du Royaume-Uni (2,9%), des États-Unis (2,2%), du Japon (1,7%), de la France (1,7%) et de l'Allemagne (1,4%).

Les années 2010

Les dépense de consommation publique de l'Érythrée étaient de 407,7 millions de dollars par an dans les années 2010, au 175ème rang mondial. La part dans le monde était de 0,0031% et de 0,12% en Afrique.

La part des dépenses publiques dans le PIB de l'Érythrée était de 19,8% dans les années 2010, se classant au 53ème rang mondial, à égalité avec le Royaume-Uni (19,8%), les Tonga (19,8%), le Koweït (19,9%).

Les dépense publique par habitant en Érythrée étaient de 122.4 dollars dans les années 2010, se situant au 187ème rang mondial, à égalité avec le Tadjikistan (123,2 de dollars), le Liberia (123,3 de dollars), le Burkina Faso (119,5 de dollars). Les dépenses publiques par habitant en Érythrée étaient 14,6 fois inférieures les dépense de consommation publique par habitant au Monde (1 785,1 US$), et 2,3 fois inférieures les dépense de consommation publique par habitant en Afrique (281,0 US$).

La croissance des dépenses publiques en Érythrée était de -0.8% dans les années 2010, au 196ème rang mondial. La croissance des dépenses publiques en Érythrée (-0,77%) a été inférieure à celle du monde (2,3%), et inférieure à celle de l'Afrique (3,0%).

Comparaison avec les voisins. Les dépense de consommation publique de l'Érythrée étaient 14,0 fois inférieures à celles de l'Éthiopie (5,7 milliards de dollars), 11,3 fois inférieures à celles du Soudan (4,6 milliards de dollars) et 13,3% inférieures à celles de Djibouti (470,4 millions de dollars). Les dépense de consommation publique par habitant en Érythrée étaient 2,6% supérieures à celles du Soudan (119,2 de dollars) et 2,1 fois supérieures à celles de l'Éthiopie (57,5 de dollars); mais 4,2 fois inférieures à celles de Djibouti (519,0 de dollars). La croissance des dépenses publiques en Érythrée était inférieure à celle de l'Éthiopie (11,8%), de Djibouti (9,7%) et du Soudan (3,6%).

Comparaison avec les leaders. Les dépenses publiques de l'Érythrée étaient 6 507,2 fois inférieures à celles des États-Unis (2,7 billions de dollars), 4 117,9 fois inférieures à celles de la Chine (1,7 billions de dollars), 2 557,9 fois inférieures à celles du Japon (1,0 billions de dollars), 1 769,6 fois inférieures à celles de l'Allemagne (721,6 milliards de dollars) et 1 564,4 fois inférieures à celles de la France (637,9 milliards de dollars). Les dépenses publiques par habitant en Érythrée étaient 78,6 fois inférieures à celles de la France (9 617,6 de dollars), 72,0 fois inférieures à celles de l'Allemagne (8 815,0 de dollars), 67,9 fois inférieures à celles des États-Unis (8 304,9 de dollars), 66,6 fois inférieures à celles du Japon (8 152,8 de dollars) et 9,8 fois inférieures à celles de la Chine (1 197,3 de dollars). La croissance des dépenses publiques en Érythrée était inférieure à celle de la Chine (8,3%), de l'Allemagne (1,9%), du Japon (1,3%), de la France (1,3%) et des États-Unis (0,0052%).

Chapitre XIII. Dépenses ménagères

Dépenses de consommation des ménages

Les dépenses ménagères de l'Érythrée sont passés de 545,7 millions de dollars par an dans les années 1990 à 1,5 milliards de dollars par an dans les années 2010, c'est-à-dire 917,8 millions de dollars ou de 2,7 fois. La variation a été de 690,2 millions de dollars en raison de l'augmentation de 1,9 fois des prix, et de -42,7 millions de dollars en raison de la baisse du taux par habitant de 1,1 fois, et de 270,4 millions de dollars en raison de la croissance démographique. La croissance annuelle moyenne des dépenses ménagères était de 3,4%. La valeur minimale était de 299,5 millions de dollars en 1990. La valeur maximale était de 1,9 milliards de dollars en 2014.

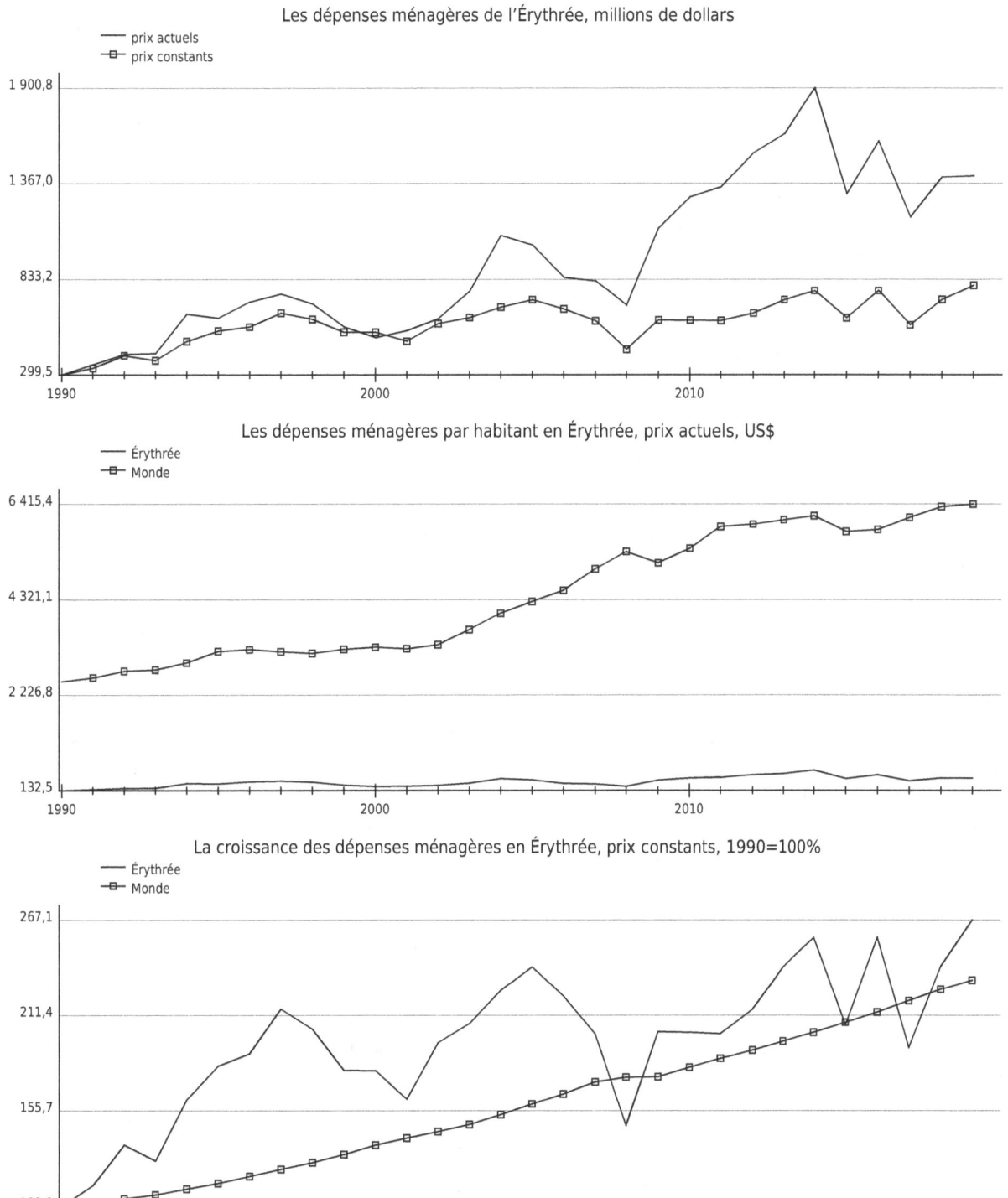

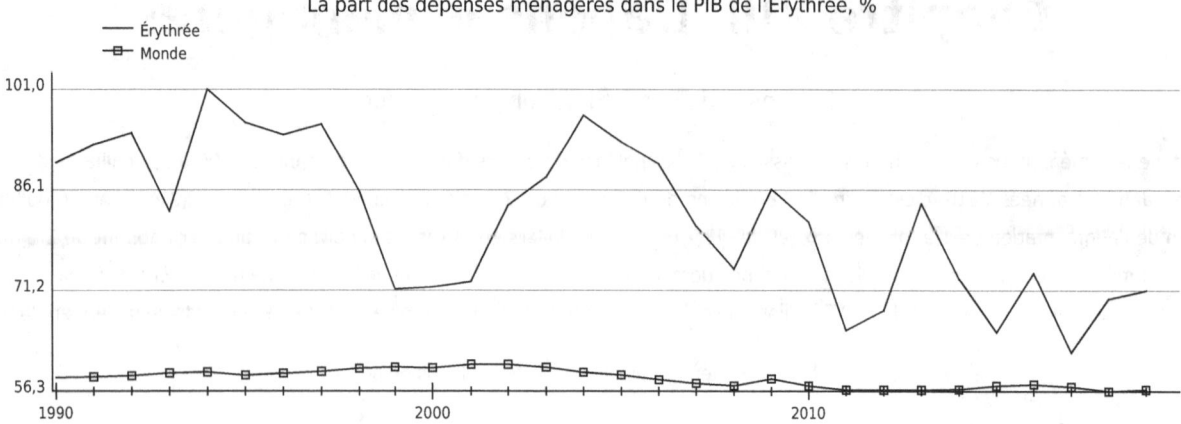

Les années 1990

Les dépenses ménagères de l'Érythrée étaient de 545,7 millions de dollars par an dans les années 1990, se situant au 172ème rang mondial à égalité avec Saint-Marin (550,2 millions de dollars), le Guyana (537,8 millions de dollars), Sainte-Lucie (537,6 millions de dollars). La part dans le monde était de 0,0032% et de 0,14% en Afrique.

La part des dépenses ménagères dans le PIB de l'Érythrée était de 90,0% dans les années 1990, au 14ème rang mondial, à égalité avec Nauru (90,3%), Sao Tomé-et-Principe (89,7%), le Rwanda (89,5%).

Les dépenses ménagères par habitant en Érythrée étaient de 244.9 dollars dans les années 1990, au 187ème rang mondial, à égalité avec le Rwanda (245,1 de dollars), l'Inde (245,2 de dollars), le Malawi (243,0 de dollars). Les dépenses ménagères par habitant en Érythrée étaient 12,1 fois inférieures les dépenses ménagères par habitant au Monde (2 963,9 US$), et 2,2 fois inférieures les dépenses ménagères par habitant en Afrique (532,7 US$).

La croissance des dépenses ménagères en Érythrée était de 6.7% dans les années 1990, se situant au 16ème rang mondial. La croissance des dépenses ménagères en Érythrée (6,7%) a été supérieure à celle du monde (3,0%), et supérieure à celle de l'Afrique (2,6%).

Comparaison avec les voisins. Les dépenses ménagères de l'Érythrée étaient supérieures à celles de Djibouti (321,3 millions de dollars); mais inférieures à celles du Soudan (9,6 milliards de dollars) et de l'Éthiopie (6,9 milliards de dollars). Les dépenses ménagères par habitant en Érythrée étaient supérieures à celles de l'Éthiopie (123,1 de dollars); mais inférieures à celles de Djibouti (504,5 de dollars) et du Soudan (329,9 de dollars). La croissance des dépenses ménagères en Érythrée était supérieure à celle du Soudan (4,7%), de l'Éthiopie (2,4%) et de Djibouti (0,90%).

Comparaison avec les leaders. Les dépenses ménagères de l'Érythrée étaient inférieures à celles des États-Unis (4,9 billions de dollars), du Japon (2,3 billions de dollars), de l'Allemagne (1,2 billions de dollars), du Royaume-Uni (884,5 milliards de dollars) et de la France (783,0 milliards de dollars). Les dépenses ménagères par habitant en Érythrée étaient inférieures à celles des États-Unis (18 538,8 de dollars), du Japon (18 170,3 de dollars), du Royaume-Uni (15 280,6 de dollars), de l'Allemagne (15 158,9 de dollars) et de la France (13 185,2 de dollars). La croissance des dépenses ménagères en Érythrée était supérieure à celle des États-Unis (3,4%), du Royaume-Uni (2,8%), de l'Allemagne (2,1%), du Japon (1,8%) et de la France (1,8%).

Les années 2000

Les dépenses ménagères de l'Érythrée étaient de 800,1 millions de dollars par an dans les années 2000, au 177ème rang mondial à égalité avec le Belize (789,2 millions de dollars), le Groenland (811,3 millions de dollars). La part dans le monde était de 0,0029% et de 0,12% en Afrique.

La part des dépenses ménagères dans le PIB de l'Érythrée était de 84,7% dans les années 2000, se classant au 27ème rang mondial, à égalité avec d'Anguilla (84,6%), le Liban (84,9%), le Guatemala (85,2%).

Les dépenses ménagères par habitant en Érythrée étaient de 292.1 dollars dans les années 2000, se situant au 197ème rang mondial, à égalité avec la République centrafricaine (291,4 de dollars), le Liberia (291,0 de dollars), le Rwanda (294,8 de dollars). Les dépenses ménagères par habitant en Érythrée étaient 14,4 fois inférieures les dépenses ménagères par habitant au Monde (4 208,2 US$), et 2,5 fois inférieures les dépenses ménagères par habitant en Afrique (735,9 US$).

Chapitre XIII. Dépenses ménagères

La croissance des dépenses ménagères en Érythrée était de 1.2% dans les années 2000, se situant au 185ème rang mondial. La croissance des dépenses ménagères en Érythrée (1,2%) a été inférieure à celle du monde (3,0%), et inférieure à celle de l'Afrique (6,0%).

Comparaison avec les voisins. Les dépenses ménagères de l'Érythrée étaient supérieures à celles de Djibouti (476,3 millions de dollars); mais inférieures à celles du Soudan (27,2 milliards de dollars) et de l'Éthiopie (11,0 milliards de dollars). Les dépenses ménagères par habitant en Érythrée étaient supérieures à celles de l'Éthiopie (145,2 de dollars); mais inférieures à celles du Soudan (715,4 de dollars) et de Djibouti (614,0 de dollars). La croissance des dépenses ménagères en Érythrée était inférieure à celle de l'Éthiopie (9,0%), du Soudan (6,4%) et de Djibouti (4,5%).

Comparaison avec les leaders. Les dépenses ménagères de l'Érythrée étaient inférieures à celles des États-Unis (8,5 billions de dollars), du Japon (2,6 billions de dollars), de l'Allemagne (1,5 billions de dollars), du Royaume-Uni (1,5 billions de dollars) et de la France (1,1 billions de dollars). Les dépenses ménagères par habitant en Érythrée étaient inférieures à celles des États-Unis (28 799,1 de dollars), du Royaume-Uni (24 959,3 de dollars), du Japon (20 355,9 de dollars), de l'Allemagne (18 912,2 de dollars) et de la France (18 146,8 de dollars). La croissance des dépenses ménagères en Érythrée était supérieure à celle du Japon (0,81%) et de l'Allemagne (0,46%); mais inférieure à celle des États-Unis (2,4%), du Royaume-Uni (2,1%) et de la France (2,0%).

Les années 2010

Les dépenses ménagères de l'Érythrée étaient de 1,5 milliards de dollars par an dans les années 2010, se situant au 174ème rang mondial à égalité avec le Liberia (1,5 milliards de dollars). La part dans le monde était de 0,0033% et de 0,097% en Afrique.

La part des dépenses ménagères dans le PIB de l'Érythrée était de 71,2% dans les années 2010, au 70ème rang mondial, à égalité avec la République dominicaine (71,3%), le Bangladesh (71,1%), le Ghana (71,4%).

Les dépenses ménagères par habitant en Érythrée étaient de 439.3 dollars dans les années 2010, au 200ème rang mondial. Les dépenses ménagères par habitant en Érythrée étaient 13,7 fois inférieures les dépenses ménagères par habitant au Monde (6 018,5 US$), et 2,9 fois inférieures les dépenses ménagères par habitant en Afrique (1 292,9 US$).

La croissance des dépenses ménagères en Érythrée était de 2.8% dans les années 2010, au 109ème rang mondial, à égalité avec le Zimbabwe (2,8%), le Monde (2,8%), Madagascar (2,8%). La croissance des dépenses ménagères en Érythrée (2,8%) a été supérieure à celle du monde (2,8%), et inférieure à celle de l'Afrique (3,3%).

Comparaison avec les voisins. Les dépenses ménagères de l'Érythrée étaient 6,2% supérieures à celles de Djibouti (1,4 milliards de dollars); mais 40,8 fois inférieures à celles du Soudan (59,7 milliards de dollars) et 27,7 fois inférieures à celles de l'Éthiopie (40,5 milliards de dollars). Les dépenses ménagères par habitant en Érythrée étaient 8,0% supérieures à celles de l'Éthiopie (406,8 de dollars); mais 3,5 fois inférieures à celles du Soudan (1 548,8 de dollars) et 3,5 fois inférieures à celles de Djibouti (1 519,8 de dollars). La croissance des dépenses ménagères en Érythrée était supérieure à celle du Soudan (2,2%); mais inférieure à celle de Djibouti (10,6%) et de l'Éthiopie (9,3%).

Comparaison avec les leaders. Les dépenses ménagères de l'Érythrée étaient 8 330,3 fois inférieures à celles des États-Unis (12,2 billions de dollars), 2 684,9 fois inférieures à celles de la Chine (3,9 billions de dollars), 2 041,2 fois inférieures à celles du Japon (3,0 billions de dollars), 1 338,1 fois inférieures à celles de l'Allemagne (2,0 billions de dollars) et 1 217,5 fois inférieures à celles du Royaume-Uni (1,8 billions de dollars). Les dépenses ménagères par habitant en Érythrée étaient 86,9 fois inférieures à celles des États-Unis (38 161,2 de dollars), 61,8 fois inférieures à celles du Royaume-Uni (27 164,8 de dollars), 54,5 fois inférieures à celles de l'Allemagne (23 925,0 de dollars), 53,2 fois inférieures à celles du Japon (23 352,2 de dollars) et 6,4 fois inférieures à celles de la Chine (2 801,9 de dollars). La croissance des dépenses ménagères en Érythrée était supérieure à celle des États-Unis (2,4%), du Royaume-Uni (1,8%), de l'Allemagne (1,4%) et du Japon (0,64%); mais inférieure à celle de la Chine (8,3%).

Partie V. Reproduction

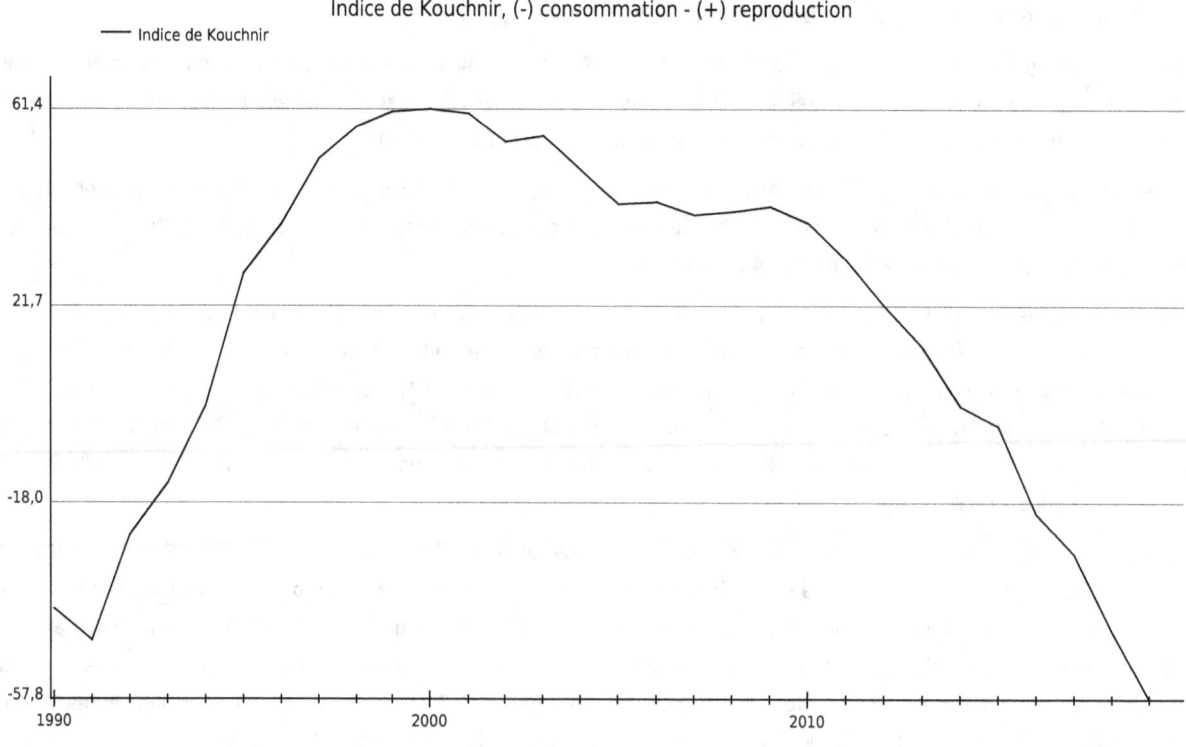

Chapitre XIV. Formation de capital fixe

Formation brute de capital fixe

La formation de capital fixe de l'Érythrée est passé de 163,4 millions de dollars par an dans les années 1990 à 185,1 millions de dollars par an dans les années 2010, c'est-à-dire 21,7 millions de dollars ou de 13,3%. La variation a été de 95,1 millions de dollars en raison de l'augmentation de 2,1 fois des prix, et de -154,3 millions de dollars en raison de la baisse du taux par habitant de 2,7 fois, et de 80,9 millions de dollars en raison de la croissance démographique. La croissance annuelle moyenne de la formation brute de capital fixe était de -2,5%. La valeur minimale était de 52,2 millions de dollars en 1992. La valeur maximale était de 318,3 millions de dollars en 1999.

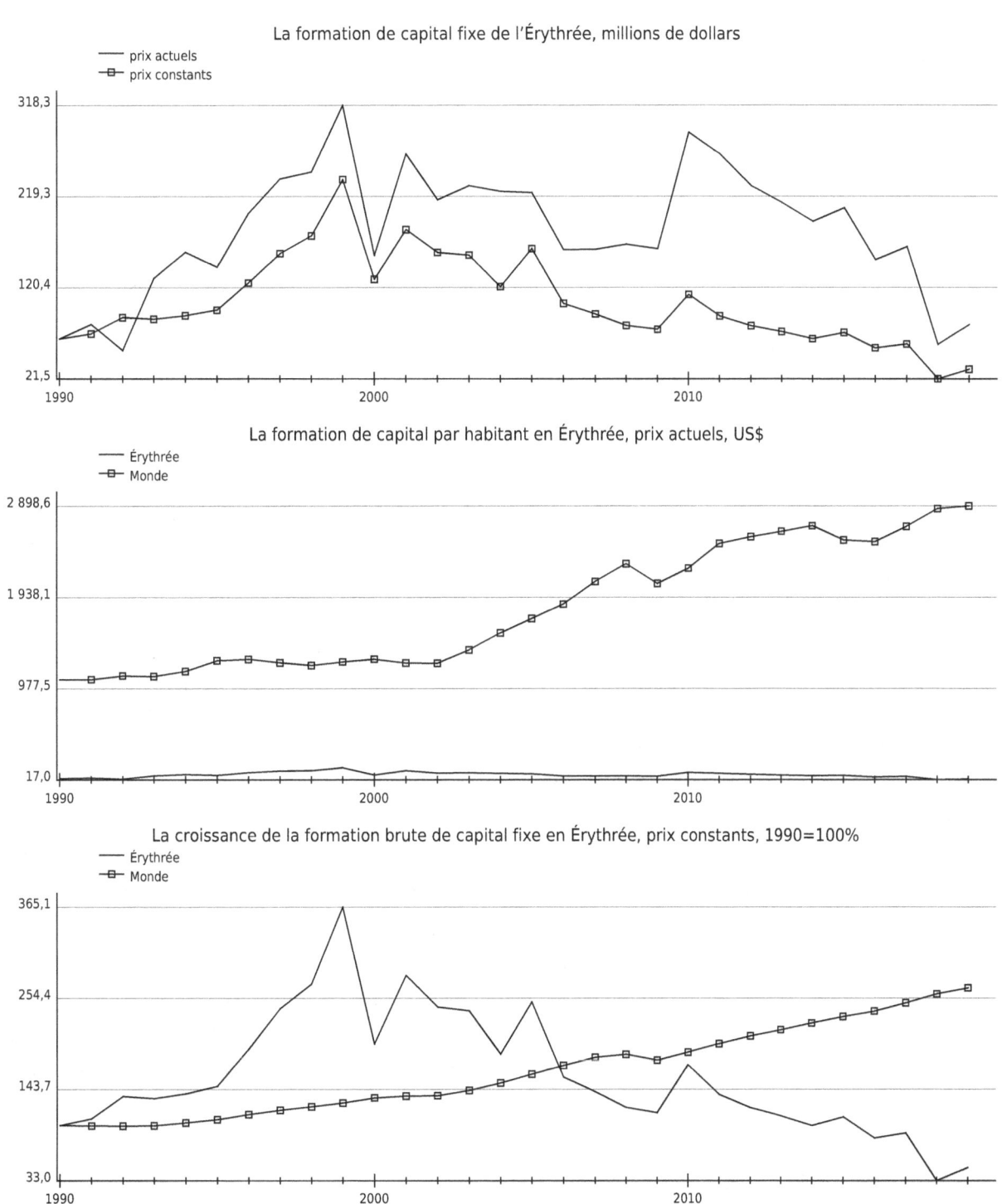

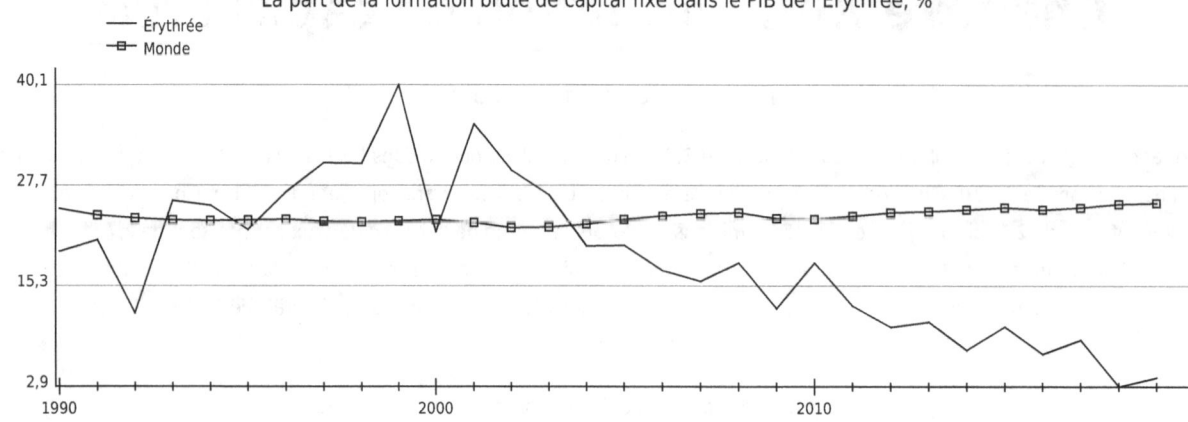

Les années 1990

La formation de capital de l'Érythrée était de 163,4 millions de dollars par an dans les années 1990, au 173ème rang mondial. La part dans le monde était de 0,0024% et de 0,13% en Afrique.

La part de la formation brute de capital fixe dans le PIB de l'Érythrée était de 26,9% dans les années 1990, se classant au 40ème rang mondial, à égalité avec le Ghana (26,9%), la Suisse (26,8%), le Liechtenstein (26,7%).

La formation de capital par habitant en Érythrée était de 73.3 dollars dans les années 1990, se classant au 176ème rang mondial, à égalité avec le Kenya (75,0 de dollars). La formation de capital fixe par habitant en Érythrée était 16,1 fois inférieure la formation de capital fixe par habitant au Monde (1 183,8 US$), et 2,4 fois inférieure la formation de capital par habitant en Afrique (173,2 US$).

La croissance de la formation brute de capital fixe en Érythrée était de 15.5% dans les années 1990, se classant au 9ème rang mondial. La croissance de la formation brute de capital fixe en Érythrée (15,5%) a été supérieure à celle du monde (2,8%), et supérieure à celle de l'Afrique (3,2%).

Comparaison avec les voisins. La formation de capital de l'Érythrée était supérieure à celle de Djibouti (107,2 millions de dollars); mais inférieure à celle du Soudan (1,5 milliards de dollars) et de l'Éthiopie (1,2 milliards de dollars). La formation de capital fixe par habitant en Érythrée était supérieure à celle du Soudan (50,5 de dollars) et de l'Éthiopie (21,5 de dollars); mais inférieure à celle de Djibouti (168,4 de dollars). La croissance de la formation de capital en Érythrée était supérieure à celle de l'Éthiopie (-1,0%) et de Djibouti (-4,8%); mais inférieure à celle du Soudan (31,2%).

Comparaison avec les leaders. La formation de capital de l'Érythrée était inférieure à celle des États-Unis (1,6 billions de dollars), du Japon (1,3 billions de dollars), de l'Allemagne (520,7 milliards de dollars), de la France (299,3 milliards de dollars) et du Royaume-Uni (250,0 milliards de dollars). La formation de capital fixe par habitant en Érythrée était inférieure à celle du Japon (10 425,9 de dollars), de l'Allemagne (6 456,6 de dollars), des États-Unis (6 067,2 de dollars), de la France (5 039,5 de dollars) et du Royaume-Uni (4 319,1 de dollars). La croissance de la formation de capital en Érythrée était supérieure à celle des États-Unis (4,8%), de l'Allemagne (2,4%), du Royaume-Uni (1,7%), de la France (1,5%) et du Japon (0,18%).

Les années 2000

La formation de capital de l'Érythrée était de 196,9 millions de dollars par an dans les années 2000, au 184ème rang mondial à égalité avec les Îles Turks-et-Caïcos (201,0 millions de dollars). La part dans le monde était de 0,0018% et de 0,077% en Afrique.

La part de la formation de capital dans le PIB de l'Érythrée était de 20,8% dans les années 2000, se situant au 145ème rang mondial, à égalité avec la Pologne (20,9%), l'Équateur (20,9%), la Colombie (20,9%).

La formation de capital par habitant en Érythrée était de 71.9 dollars dans les années 2000, au 191ème rang mondial, à égalité avec le Burkina Faso (73,1 de dollars), le Togo (70,6 de dollars). La formation de capital par habitant en Érythrée était 23,5 fois inférieure la formation de capital fixe par habitant au Monde (1 690,7 US$), et 3,9 fois inférieure la formation de capital fixe par habitant en Afrique (280,9 US$).

La croissance de la formation de capital en Érythrée était de -10.9% dans les années 2000, se situant au 207ème rang mondial. La croissance de la formation de capital en Érythrée (-10,9%) a été inférieure à celle du monde (3,5%), et inférieure à celle de l'Afrique (5,6%).

Chapitre XIV. Formation de capital fixe

Comparaison avec les voisins. La formation de capital de l'Érythrée était supérieure à celle de Djibouti (173,0 millions de dollars); mais inférieure à celle du Soudan (6,4 milliards de dollars) et de l'Éthiopie (3,6 milliards de dollars). La formation de capital par habitant en Érythrée était supérieure à celle de l'Éthiopie (47,4 de dollars); mais inférieure à celle de Djibouti (223,1 de dollars) et du Soudan (168,3 de dollars). La croissance de la formation de capital en Érythrée était inférieure à celle de Djibouti (31,5%), de l'Éthiopie (16,1%) et du Soudan (13,9%).

Comparaison avec les leaders. La formation de capital fixe de l'Érythrée était inférieure à celle des États-Unis (2,8 billions de dollars), du Japon (1,2 billions de dollars), de la Chine (1,0 billions de dollars), de l'Allemagne (557,7 milliards de dollars) et de la France (463,9 milliards de dollars). La formation de capital par habitant en Érythrée était inférieure à celle des États-Unis (9 376,4 de dollars), du Japon (8 981,8 de dollars), de la France (7 386,7 de dollars), de l'Allemagne (6 851,1 de dollars) et de la Chine (782,2 de dollars). La croissance de la formation brute de capital fixe en Érythrée était inférieure à celle de la Chine (13,4%), de la France (1,6%), des États-Unis (0,43%), de l'Allemagne (-0,56%) et du Japon (-2,0%).

Les années 2010

La formation de capital fixe de l'Érythrée était de 185,1 millions de dollars par an dans les années 2010, au 192ème rang mondial à égalité avec Saint-Vincent-et-les-Grenadines (187,7 millions de dollars). La part dans le monde était de 0,0010% et de 0,036% en Afrique.

La part de la formation de capital dans le PIB de l'Érythrée était de 9,0% dans les années 2010, au 208ème rang mondial, à égalité avec les Samoa (9,0%), Cuba (9,0%).

La formation de capital par habitant en Érythrée était de 55.5 dollars dans les années 2010, se situant au 206ème rang mondial. La formation de capital par habitant en Érythrée était 47,2 fois inférieure la formation de capital par habitant au Monde (2 621,1 US$), et 7,9 fois inférieure la formation de capital fixe par habitant en Afrique (440,4 US$).

La croissance de la formation brute de capital fixe en Érythrée était de -8.2% dans les années 2010, se situant au 206ème rang mondial, à égalité avec la Grèce (-8,3%). La croissance de la formation de capital en Érythrée (-8,2%) a été inférieure à celle du monde (4,1%), et inférieure à celle de l'Afrique (3,1%).

Comparaison avec les voisins. La formation de capital de l'Érythrée était 111,4 fois inférieure à celle de l'Éthiopie (20,6 milliards de dollars), 53,6 fois inférieure à celle du Soudan (9,9 milliards de dollars) et 3,3 fois inférieure à celle de Djibouti (605,7 millions de dollars). La formation de capital par habitant en Érythrée était 12,0 fois inférieure à celle de Djibouti (668,3 de dollars), 4,6 fois inférieure à celle du Soudan (257,7 de dollars) et 3,7 fois inférieure à celle de l'Éthiopie (207,0 de dollars). La croissance de la formation de capital en Érythrée était inférieure à celle de l'Éthiopie (20,8%), de Djibouti (8,9%) et du Soudan (-3,2%).

Comparaison avec les leaders. La formation de capital de l'Érythrée était 24 438,6 fois inférieure à celle de la Chine (4,5 billions de dollars), 19 447,5 fois inférieure à celle des États-Unis (3,6 billions de dollars), 6 539,5 fois inférieure à celle du Japon (1,2 billions de dollars), 4 066,2 fois inférieure à celle de l'Allemagne (752,5 milliards de dollars) et 3 765,0 fois inférieure à celle de l'Inde (696,8 milliards de dollars). La formation de capital par habitant en Érythrée était 202,8 fois inférieure à celle des États-Unis (11 264,9 de dollars), 170,3 fois inférieure à celle du Japon (9 460,2 de dollars), 165,5 fois inférieure à celle de l'Allemagne (9 192,9 de dollars), 58,1 fois inférieure à celle de la Chine (3 224,9 de dollars) et 9,6 fois inférieure à celle de l'Inde (535,2 de dollars). La croissance de la formation de capital en Érythrée était inférieure à celle de la Chine (8,0%), de l'Inde (5,8%), des États-Unis (3,8%), de l'Allemagne (2,8%) et du Japon (1,8%).

www.ingramcontent.com/pod-product-compliance
Lightning Source LLC
Chambersburg PA
CBHW080442220526
45465CB00007B/2734